Königliches Wein-Lexikon

Katja Schweder
Julia Becker
Susanne Winterling

Königliches
Wein-Lexikon

Inhaltsverzeichnis

	6	**Editorial**		47	Degustieren
				48	Dekantieren
	8	**Die Weinmajestäten**		48	Depot
				49	Dornfelder
	10	**Wein-Lexikon**		50	Drieschen
A	12	ABC-Trinker		51	Dubbeglas
	12	Abgang		52	Dunkelfelder
	13	Abstich	E	54	Edelfäule
	14	Acolon		54	Edelzwicker
	15	Agraffe		55	Eiswein
	15	Ahr		56	Erzeugerabfüllung
	16	Alte Reben		57	Etikett
	17	Altern		58	Extrakt
	19	Amphore	F	60	Faberrebe
	20	AP-Nummer		60	Federweißer
	20	Aromarad		61	Firngeschmack
	22	Auslese		62	Flasche
	23	Autochthone Rebsorten		63	Flaschengärung
B	26	Bacchus(rebe)		64	Flying Winemaker
	27	Baden		65	Franken
	27	Bag-in-Box		66	Französisches Paradoxon
	28	Barrique		66	Fruktose
	29	Beerenauslese	G	70	Garagenwein
	31	Bewässerung		71	Gärgase
	32	Biologischer Säureabbau		71	Gerbstoffe
	32	Blanc de noirs		72	Goldriesling
	33	Blauer Portugieser		74	Grauburgunder
	34	Blindprobe		75	Große Gewächse
	35	Bukett		76	Grüne Lese
	36	Burgunder-Familie	H	78	Haltbarkeit des Weins
C	38	Cabernet Dorsa		78	Hausrebe
	38	Champagner		80	Herkunft
	40	Chardonnay		81	Hessische Bergstraße
	41	Classic	K	84	Kabinett-Wein
	42	Crémant		84	Kirchenfenster
	42	Cuvée		85	Korkenzieher
D	46	DC Pfalz-Wein		86	Koscherer Wein
	46	Degorgieren	L	88	Lagennamen

	88	Landesweinprämierung		132	Spätlese
	89	Liebfrau(en)milch		133	Spontangärung
M	92	Maischegärung		134	Straußwirtschaft
	93	Mazeration		135	Sulfit
	94	Mittelrhein		136	Syrah
	95	Monorackbahn	T	138	Tafeltrauben
	95	Mosel		138	Terroir
	96	Müller-Thurgau		139	Traubenkelter
	98	Mußbacher Manifest		140	Traubenkernöl
N	100	Nahe		141	Trester
	100	Naturkork		142	Trockenbeerenauslese
	102	Nebbiolo		142	Trollschoppen
O	104	Oechslegrade		143	Typizität
	105	Öko-Weinbau	V	146	Vinissima
P	108	Pfalz		146	Vinothek
	108	Pfalzwein-Fakten	W	150	Weinansprache
	109	Prädikatswein		151	Weinaromen
	110	Prosecco		152	Weinbergsbann
R	114	Reblaus		153	Weinbrand
	114	Rebschnitt		153	Weinbruderschaft der Pfalz
	115	Rebsorten		154	Weingeist
	116	Refraktometer		156	Weinkönigin/Weinprinzessin
	117	Regent		156	Weinsäure
	118	Restsüße		157	Weinstein
	119	Rheingau		158	Weißburgunder
	120	Rheinhessen		159	Weißherbst
	120	Riesling		160	Winterbegrünung
	121	Rüttelpult		160	Winzerbowle
S	124	Saale-Unstrut		161	Winzergenossenschaft
	124	Sachsen		162	Winzersekt
	125	Sankt Laurent		163	Württemberg
	126	Sauvignon blanc			
	127	Schnawwelrute		164	**Promotion**
	128	Secco			
	129	Selection		187	**Literatur- und**
	129	Silvaner			**Quellennachweis**
	131	Sommelier			
	132	Sonnenbrand		188	**Impressum**

Editorial

Michael Dostal
Geschäftsführer
mssw –
Print-Medien
Service Südwest
GmbH

Strahlender Sonnenschein. Herrliche Landschaft. Fröhliche Menschen und eine königliche Idee: Im Herbst 2005 läuft die Weinlese im Deidesheimer Paradieswingert bei traumhaftem Wetter. Katja Schweder, damals frisch inthronisierte Pfälzische Weinkönigin, ist sofort Feuer und Flamme, als ich sie auf ein wöchentliches Wein-Lexikon im „Rheinpfalz"-Freizeitmagazin LEO anspreche. Wir verabreden uns zu einem Treffen. Im Proberaum des elterlichen Weinguts in Hochstadt reift wenig später die spontane Idee zum fertigen Konzept. Zum Jahresbeginn 2006 erscheint dann die erste Folge.

Der sofortigen Begeisterung auf der königlichen Seite steht anfangs eine gewisse Skepsis in den eigenen Reihen entgegen. „Ein Wein-Lexikon in der Pfalz ist doch, als ob man Wasser in den Rhein trägt", lässt sich die Kritik auf einen kurzen Nenner bringen. Doch die königlichen Zeilen finden von Anfang an bei den Lesern eine große Resonanz. Die kritischen Stimmen verstummen schnell. Nach Katja Schweder sind die gekrönten Nachfolgerinnen Susanne Winterling und Julia Becker die Autorinnen. Und auch weiterhin werden Folgen des LEO-Lexikon Wein im Freizeitmagazin erscheinen, die vielleicht in ein zweites Buch münden.

Doch zunächst zu dieser Erstausgabe: Immer wieder gab und gibt es Anfragen, ob die Lexikon-Beiträge auch als Buch erhältlich sind. Nun – nach fast drei Jahren – ist es soweit. Zwar existiert Weinliteratur in einem umfangreichen Spektrum. Doch, da bin ich sicher, das LEO-Buch „Königliches Wein-Lexikon" wird trotzdem eine Lücke schließen. Denn im Buch bleibt der jeweilige Charakter der Beiträge der drei königlichen Autorinnen erhalten. Schließlich vermitteln sie auf charmante Art, populär und doch fachkundig, Wissenswertes rund um den Rebensaft und die Pfalz. Und sie erschaffen damit in gleichem Maße eine ganz persönliche Visitenkarte für die Region und ihren Wein. Viel Spaß bei der Lektüre.

Die Pfalz - 85 Kilometer Weingenuss

Kaum ein Landstrich in Deutschland wird so von der Sonne verwöhnt wie die Pfalz entlang der Deutschen Weinstraße, der ältesten Weintouristik-Route der Welt. Geschützt von den Höhen des Pfälzerwaldes liegt eine der schönsten Landschaften Deutschlands mit etwa 2000 Sonnenstunden im Jahr, mildem Klima und mediterranem Flair. In den Gärten reifen Feigen und Kiwis, im Wald wachsen Esskastanien und manchmal blühen schon Ende Februar die Mandelbäume. Lebensfreude und Genuss werden hier seit jeher groß geschrieben, und das kommt nicht nur daher, dass die südlichsten Weinberge der Pfalz in Frankreich liegen. Wein, Weinkultur und Lebensart gehören einfach zu Land und Leuten.

Jede dritte Flasche deutschen Weins kommt aus der Pfalz, deren Spitzenwinzer bei fast allen nationalen und internationalen Wettbewerben auf sich aufmerksam machen. Alte Rebsorten und neue Ideen, lautet das Kontrastprogramm der Pfälzer Weinmacher. So kommen die Liebhaber sonnensüßer Auslesen oder edler Eisweine ebenso auf ihre Kosten wie die Verfechter kernig-trockener Weine oder die Barrique-Freunde. Das Hauptaugenmerk der Winzer im 23.340 Hektar großen Anbaugebiet liegt auf klassischen Rebsorten, allen voran der Riesling. Er ist mit fast 5250 Hektar Rebfläche unbestritten die Nummer eins. Auch die edlen Weiß- und Grauburgunder aus pfälzischen Betrieben machen bei Wettbewerben immer häufiger eine exzellente Figur. Nuancenreich präsentiert sich das Rotwein-Sortiment. Da gibt es spritzig-frische Weißherbste von der Portugieser-Rebe, fruchtige Spätburgunder und, als jüngsten Trend, tiefdunkle Dornfelder, meist trocken ausgebaut und mit südländischer Farbe. Jeder fünfte Rebstock trägt inzwischen rote Trauben, die Pfalz ist damit Deutschlands größtes Rotwein-Gebiet.

Die Pfalz lockt mit vielen Superlativen wie dem größten Weinfass der Welt in Bad Dürkheim oder dem ältesten Weinberg in Rhodt. Gefeiert wird vom März bis weit in den November, denn die Lebenslust der Pfälzer ist sprichwörtlich. Fast 200 Weinfeste gibt es, vom bodenständigen "Woifeschd" bis zum exklusiven Festival der Gaumenfreuden. Auch darin, wie in der Vorliebe der Pfälzer für gutes Essen, zeigt sich die direkte Nachbarschaft zu Frankreich. An der Grenze zum Elsass haben sich viele Spitzenköche etabliert, die genussreich mit der regionalen Küche experimentieren.

Dr. Detlev Janik
Geschäftsführer
Pfalzwein e.V.
Pfalz.Marketing e.V.
Pfalztouristik e.V.

Die Weinmajestäten

Julia Becker
JB
Pfälzische
Weinkönigin
2007/2008

Als Julia Becker im Oktober 2007 die Wahl zur Pfälzischen Weinkönigin gewann, erfüllte sich für die Edesheimerin ein Traum. Nicht nur, dass die 26-Jährige weitere interessante und positive Erfahrungen machen durfte, die für sie schon die Amtszeit als Edesheimer Weinprinzessin zu einem echten Erlebnis werden ließen. Sie ist auch in die Fußstapfen ihrer Mutter getreten, die 1968 bei der Wahl antrat, damals aber nicht gewinnen konnte. Julia Becker stammt nicht aus einer Winzerfamilie und hat für eine Weinhoheit einen eher untypischen Beruf. Einen, der überhaupt nichts mit Rebensaft zu tun hat: sie arbeitet als Erzieherin in einer Kindertagesstätte. Dort kommt ihre offene und herzliche Art bei den Kindern ebenso gut an wie bei den Weinfreunden in der Pfalz, der Kulturregion, die für die Weinkönigin vor allem wegen der urigen Geselligkeit und des unverwechselbaren Dialekts liebenswert ist. Die hat sie in ihrer Amtszeit gebührend vertreten, ist dabei stets bodenständig geblieben und hat viel Fachkunde in Sachen Wein bewiesen – nicht nur im LEO-Lexikon Wein. Dabei hat sie die Pfalz nicht nur in der Pfalz, sondern auch weit über ihre Grenzen hinaus repräsentiert. Und so manchen Prominenten kennen gelernt, was der begeisterten Rennradfahrerin aber nicht zu Kopf gestiegen ist. Sie geht auf jeden Menschen gleich herzlich zu, ist kommunikativ und stets freundlich, überzeugt dabei durch ein gutes Stück Gelassenheit. Auch dann, wenn Ministerpräsident Kurt Beck bei einem Neujahrsempfang sie und ihre Schwester vor laufenden Kameras mit dem Ausruf begrüßt: „Da sind sie ja, die berühmtesten Zwillinge der Pfalz!"

Katja Schweder
KS
Pfälzische
Weinkönigin
2005/2006
und Deutsche
Weinkönigin
2006/2007

Katja Schweder schaffte im Herbst 2006 die Sensation. Nach Sylvia Benzinger aus Kirchheim (2005) wurde auch die Hochstadterin Deutsche Weinkönigin. Zum ersten Mal trug damit zweimal hintereinander eine Pfälzerin diese Krone. Für die heute 28-Jährige, deren Vater Amtsrat und deren Mutter Winzerin ist, sollte damit eine Zeit voller Termine beginnen, die sie in die ganze Welt führte. Stilvoll und elegant waren dort ihre Auftritte, mit Bravour erledigte sie ihren „Job". Den würde sie zwar jederzeit wieder machen, wie sie sagt. Doch sie weiß auch, dass es noch viele weitere interessante Aufgaben in ihrem Leben gibt, denen sie sich gerne stellt. Zielstrebigkeit ist eines der Attribute der begeisterten Sportlerin, die als Hoheit kompetent und stets mit einem strahlenden Lächeln den Pfälzer und natürlich auch den deutschen Wein präsentierte. Auch in China oder in den USA, wo sie bass erstaunt war, als sie in einem Restaurant in New York eine Weinkarte vorfand, auf der 25 bis 30 Rieslinge aus Deutschland gelistet waren. Das Herz der Diplom-Verwaltungswirtin schlägt jedoch für die Pfalz und da vor allem für im Barrique gereifte Dunkelfelder. Auch um die Stärken fruchtiger und spritziger Weißweine weiß sie, die sie gerne auf dem Hochstadter Knoppfest trinkt. Das ist für Katja Schweder nach wie vor ein persönliches Highlight, das die einzigartigen Erfahrungen und schönen Erinnerungen wie die Bambi-Verleihung, als sie neben Torhüter-Idol Oliver Kahn in die Kamera lächeln durfte, nicht verblassen lässt. Ihr Fazit: „Ich habe mehr erreicht, als ich mir vorstellen konnte."

Zum Hattrick reichte es dann leider doch nicht. Nur knapp scheiterte Susanne Winterling bei der Wahl zur Deutschen Weinkönigin im Herbst 2007 im Finale. Die 21-Jährige wäre die dritte Pfälzerin in Folge gewesen, die dieses Amt bekleidet hätte. Ihrer stets guten Stimmung und kommunikativen Art schadete das aber nicht, denn auch als Deutsche Weinprinzessin konnte sie bei vielen interessanten Veranstaltungen im In- und Ausland ihr großes Fachwissen einsetzen. Das hat sie nicht nur als Studentin der internationalen Weinwirtschaft an der Fachhochschule in Geisenheim angesammelt. Schon von Kindesbeinen an lernt sie alles, was mit dem Weinbau zu tun hat, schließlich führen die Eltern ein namhaftes Sekt- und Weingut in Niederkirchen. Weinkerwen, Lesen und Sport sind die Hobbys der Winzerstochter, die gerne durch die Weinberge joggt, aber auch vor abenteuerlichen Sportarten nicht zurück schreckt. Beim Erlebnistag Deutsche Weinstraße 2007 sprang sie aus einem Flugzeug, um schließlich per Tandem-Fallschirm am Haus der Deutschen Weinstraße in Bockenheim zu landen. Selbstbewusst tritt Susanne Winterling stets auf. Sie weiß, was sie will und gefällt durch ihre schlagfertige Art, die ihr in ihrer Amtszeit viele Sympathien einbrachte. Darunter der ein oder andere Prominente wie Bundespräsident Horst Köhler oder der FCK-Vorstand Stefan Kuntz. Große Namen, vor denen sie es ebenfalls versteht, souverän aufzutreten. Nervosität scheint für Susanne Winterling ein Fremdwort zu sein – was man ihren Weinbesprechungen anmerkt. Mit Witz und viel Charme bringt sie das Publikum auf ihre Seite.

Susanne Winterling
SW
Pfälzische Weinkönigin 2006/2007 und Deutsche Weinprinzessin 2007/2008

ABC-Trinker

Abgang

Abstich

Acolon

Agraffe

Ahr

Alte Reben

Altern

Amphore

AP-Nummer

Aromarad

Auslese

Autochtone Rebsorten

A | B C D E F G H I J K L M N O P Q R S T U V W X Y Z

ABC-Trinker
(der)

Hinter diesem Begriff verbirgt sich kein Vitaminmixgetränk, sondern die englische Abkürzung: „Anything but Chardonnay". Ein Weinkonsument, der von sich behauptet, er sei ein ABC-Trinker, will damit sagen: „Ich trinke alles, aber keinen Chardonnay!". Aufgekommen ist der Slogan in den USA während der weit verbreiteten Chardonnay-Mode der frühen 1990er-Jahre. Die Abneigung gegenüber der Rebsorte Chardonnay lag hauptsächlich in der Tatsache begründet, dass ein Großteil des Chardonnay zu jener Zeit üppig und alkoholreich war. Vor allem in Kalifornien wurden vollreife Trauben dieser Rebsorte geerntet. Im Barrique ausgebaut entwickelten sie sich zu Alkoholbomben, die jegliche Frische und Eleganz vermissen ließen.

Dabei ist der Chardonnay ganz anders. Die aus dem französischen Burgund stammende Rebsorte gehört nach neuester wissenschaftlicher Definition zur Gruppe der Burgundersorten. Weltweit sind etwa 100.000 Hektar Rebfläche mit der Sorte bestockt, in Deutschland ist sie auf etwa 820 Hektar zu finden. ABC-Trinker also aufgepasst: Annähernd kein Land oder Anbaugebiet verzichtet auf den einmaligen Geschmack eines Chardonnay. Oftmals oder sogar meistens versteckt sich diese Rebsorte hinter dem Namen Champagner. Der Chablis, der zu den renommiertesten Weißweinen gehört, besteht ausschließlich aus Chardonnay. Auch in der Pfalz ist man beim Konsum von Schaumweinen oder guten Cuvées nicht mehr sicher vor ihm – und das ist gut so!

SW

Abgang
(der)

Meist wird beim Abgang eines Weines vorwiegend auf dessen Dauer oder Länge, die Persistenz, wie es unter Weinkennern heißt, geachtet. Dieser angenehme Geschmackseindruck im Mund und Rachen nach dem Schlucken gilt als ein untrügliches Qualitätsmerkmal. Große ausgereifte Weine klingen in ihrer Vielschichtigkeit am Gaumen sekundenlang, manchmal auch für Minuten, nach. Bei jüngeren Weinen kann der Abgang noch etwas kurz wirken.

Man unterscheidet zwischen aromatischem (fruchtig, süß, sauer etc.) und strukturellem (ölig, pelzig etc.) Abgang. Für die Dauer des Abgangs, beziehungsweise der Nachhaltigkeit, gibt es sogar eine eigene Einheit, deren Wert mittels einer Stoppuhr erfasst wird. Dabei entspricht die Einheit „Caudalie" (von lateinisch „cauda": der Schwanz) einer Sekunde. Bei beispielsweise internationalen Wettbewerben werden so grob die Weinqualitäten eingeteilt: je höher die Zahl, umso wirkungsvoller und wertvoller ist der Wein. Der Sinn dieser Zeitangabe ist jedoch umstritten. Denn die Wahrnehmung der Länge eines Geschmackseindrucks ist so subjektiv, wie es die qualitativen Geschmackseindrücke ohnehin schon sind. Außerdem sagt die reine Länge des Abgangs noch nichts über seine aromatische oder strukturelle Qualität aus. Generell kann man jedoch behaupten, dass er eines der größten Geschmackserlebnisse beim Weingenuss bietet.

Viel besser und treffender könnte deshalb der „Abgang" mit dem Begriff „Finale" beschrieben werden. Und wenn Sie einmal in das Dilemma kommen sollten, das Finale könnte sein Ende nehmen, dann hilft nur eines: Stoppuhr weglegen und sich eines weiteren Schluckes bedienen!

SW

Abstich
(der)

Der Abstich ist das Abziehen oder Abnehmen des klaren Weins vom Trub oder trüben Satz. Der Wein wird von einem Behälter in einen anderen umgefüllt, der Trub wird dabei abgetrennt. Trub nennt man die sich bei der Klärung des Weines und des Mostes am Fassboden absetzenden festen Bestandteile. Der Trub besteht hauptsächlich aus Hefe, Weinkristallen, Eiweiß, Fruchtfleischteilchen sowie Farbstoffen und ist, je nachdem ob es sich um einen Weißwein oder einen Rotwein handelt, gelblich braun oder rotbraun gefärbt.

Lässt man den Wein zu lange auf der Hefe liegen, können Veränderungen in Geruch und Geschmack auftreten. Darum ist möglichst bald nach Ende der Gärung der „erste Abstich" durchzuführen. Unter dem „ersten" Abstich versteht man das Abziehen des Weines von dem bei der Gärung entstandenen verderblichen Hefelager, das sich auf dem Boden des Gärbehälters abgesetzt hat. Wird dies nicht rechtzeitig (Dezember bis Februar) durchgeführt, können sich durch den Zerfall des Hefetrubes übelriechende Geruchs- und Geschmacksfehler entwickeln oder gar Bakterienkrankheiten auftreten. Der im Gärbehälter verbleibende Trub wird weggeworfen und das Gärgefäß gründlich gereinigt. Den

Wein füllt man dann wieder in den Gärbehälter zurück.

Anschließend lässt man den Wein wieder stehen, bis sich erneut Trub abgesetzt hat. Dann verfährt man wie zuvor. Nach zwei bis drei Abstichen sollte der Wein klar sein. Der zweite und dritte Abstich wird meist in Verbindung mit weiterem Klären, Lüften oder Schwefeln durchgeführt. Die zeitgerechte Durchführung des Abstichs im Keller ist eine grundsätzliche Maßnahme zur Beeinflussung des Ausbaus junger Weine und zählt zu den wichtigen Aufgaben eines Winzers. Bestimmte Entwicklungsvorgänge des Weines lassen sich dadurch abschließen, oder es werden neue eingeleitet.

JB

Acolon
(der)

Der Acolon ist eine der neueren deutschen roten Rebsorten und wurde 1971 von der Staatlichen Lehr- und Versuchsanstalt für Wein- und Obstbau in Weinsberg (Württemberg) aus den Rebsorten Lemberger (Blaufränkisch) und Dornfelder gezüchtet. Die erfolgreiche Züchtung kam erst zu Beginn dieses Jahrhunderts mit etwa 100 Hektar an 500 Standorten in den Versuchsanbau. Den Sortenschutz, der bereits 1996 beantragt wurde, erhielt die Rebsorte zusammen mit der Zulassung 2002 durch das Bundessortenamt.

Der Acolon wird vorwiegend in Württemberg, Rheinhessen, der Pfalz und in Franken angebaut. In den deutschen Anbaugebieten sind aktuell etwa 460 Hektar der Rebfläche mit Acolon bestockt. Mit ihrer Züchtung wurde die Rebsorte ideal auf die deutschen Anbaubedingungen angepasst und hat somit einige Vorteile gegenüber anderen traditionellen und weltweit angebauten Rebsorten. Ein Anbau wird auf Lagen empfohlen, in denen auch Spätburgunder und Schwarzriesling gut gedeihen.

Mit einem späteren Austrieb sowie früher und höherer Beerenreife ist diese Rebsorte in ihrer Eigenschaft dem Lemberger ähnlich. Der Acolon erreicht beachtliche Mostgewichte und die Weine besitzen eine hohe Farbintensität. Hier hat sich die Eigenschaft des Dornfelders gegenüber dem Lemberger durchgesetzt. Der Ausbau des Acolon erfolgt nicht nur sortenrein traditionell oder teilweise im Barrique, er wird gerne auch für eine Cuvée benutzt.

Neben feinen Fruchtaromen weisen die Acolon-Weine eine gute Struktur und Nachhaltigkeit im Geschmack sowie eine dezente Gerbstoffnote (Tannine) auf. Die Weine passen – je nach Ausbaustil – zu nicht allzu schweren bis kräftigen Fleischgerichten.

JB

Agraffe
(die)

Der Begriff benennt eine Verschlusskappe aus Draht oder Metallstreifen, die den Korken auf der Sektflasche festhält. Die Agraffe wird mit Spezialmaschinen angefertigt und aufgesetzt. Um das Einschnüren oder Durchscheuern des Korkens durch den Draht zu verhindern, werden auf den oberen Teil des Korkens kleine runde Blechstücke (auch Capsule, Champagner-Deckel genannt) gelegt. Sie tragen oft das Firmenzeichen des Herstellers. Aufgrund des hohen Innendrucks (rund 5 bar) in den Sektflaschen müssen Sektkorken anders konzipiert sein als Korken für Wein. Um eine Gasdichtigkeit zu garantieren und um zu verhindern, dass der Korken nach dem Lösen der Agraffe sofort aus der Flasche katapultiert wird, haben Sektkorken einen wesentlich stärkeren Durchmesser als Weinkorken.

Ein weiteres Unterscheidungsmerkmal ist die konische Form. Für die Agraffe (französisch agrafe: Haken) gibt es noch mehrere andere Bezeichnungen: Sie wird auch Vierdrahtverschluss, Drahtkörbchen oder Muselet genannt. Beim Perlwein beziehungsweise Secco wird übrigens gerne auf die Agraffe verzichtet, da sie bei diesen Produkten eine Schaumweinsteuerpflicht auslöst. Für den Verbraucher bedeutet das die preiswertere Alternative.

KS

Ahr
(die)

Mit rund 550 Hektar Rebfläche gehört das Anbaugebiet Ahr nicht wortwörtlich zu den Großen, beweist jedoch, dass es darauf nicht ankommt. Unverzichtbar sind die einzigartigen Weine für das gesamte deutsche Weinland. Entlang des Flusses Ahr, der dem Gebiet seinen Namen gibt, werden mehr als 85 Prozent Rotwein-Rebsorten angebaut. Wichtigste Rebsorte ist mit fast 60 Prozent der Gesamtfläche der Spätburgunder. In den steilen Hanglagen stehen die Reben auf Schieferböden, in den unteren Lagen in Flussnähe überwiegen die Lössböden.

Kaum zu glauben, aber wahr: Im mitunter nördlichsten Weinanbaugebiet Deutschlands herrschen mediterrane klimatische Verhältnisse! Am Tage steht die Luft in den steilen Weinbergen, sodass sich die Felsen, Terrassen und Mauern aufheizen, um diese Wärme in der Nacht an die Rebstöcke wieder abzugeben; die steilen Hänge sorgen für optimale Sonneneinstrahlung. Verwöhnung pur! Doch hier muss der Ahr-Winzer auch B sagen: Oft sind es zerklüftete Felsspalten in extremen Steilhängen, die es zu erklimmen gilt, um dann nur wenige nebeneinander stehende Rebstöcke anzutreffen. Hier ist Maschinenarbeit unmöglich.

Wer von der Ahr spricht, spricht vom „Rotweinparadies", vom Slogan „Wohlsein für 365 Tage", vielleicht auch vom 35 Kilometer langen Rotweinwanderweg, welcher die Weindörfer miteinander verbindet... aber auch von dem beschwingenden und betörenden Gefühl, das erweckt wird, steht der rote Ahrwein im Glas, um die Zunge zu benetzen: Dann erscheint die felsige Landschaft vulkanischen Ursprungs weniger schroff, sondern samtig weich.

SW

Alte Reben

Ein Begriff, den man hin und wieder auf dem Etikett einer Weinflasche liest, ist „Alte Reben". Aber was bedeutet er?

Die Angabe hat keine weinrechtliche Bedeutung und gibt leider auch kein allgemein gültiges Mindestalter der Reben an. Unter Winzern sagt man, dass Weinreben, die älter als 30 Jahre sind, als „alt" bezeichnet werden. Das heißt, dass die Wüchsigkeit und der Ertrag von Trauben nachlassen und die Reben spätestens nach 50 Jahren unwirtschaftlich sind. Jedoch darf man diese Anlagen nicht unterschätzen, denn alte Reben stehen für hohe Qualität und die Weine haben dichte, extraktreiche und komplexe Aromen.

Das Wurzelwerk einer alten Rebe wird über die Jahre tiefer und weit verzweigter. Somit können teilweise mehr Mineralstoffe an die wenigen Trauben weitergegeben werden. Der alte Rebstock ist gegen Wetterschwankungen besser geschützt als ein junger Rebstock. Trockenheit oder starke Regenfälle schädigen nicht allzu schnell, da die Wurzeln in konstanten Tiefen der Erde verästelt sind. Der Winzer kann die Trauben in manchen Jahren länger am Stock hängen lassen, um interessante, komplexe und span-

nende Weine zu bekommen. Alte Reben sind rar, denn durch die Flurbereinigung, die Reblaus, und auch aus Gründen der Wirtschaftlichkeit, können viele Winzer die Weinstöcke nicht länger als 30 Jahre bewirtschaften. Daher gilt: Wer eine Weinflasche besitzt, die den Vermerk „Alte Reben" trägt, kann unter Umständen etwas ganz Seltenes vor sich haben.

Übrigens: Der älteste Weinberg Deutschlands steht in der Lage Rhodter Rosengarten und ist ein fast 400 Jahre alter Gewürztraminer.

KS

Die Alterungsfähigkeit des Weines birgt eine Faszination in sich. Bereits in der Antike beschäftigte die Menschen dieses einzigartige Phänomen. Kein anderes Lebensmittel war in der Lage, über Jahrzehnte hinweg immer erstaunlichere geschmackliche Qualitäten zu entwickeln. Man vermutete schon, es müsse sich um

Altern
(das)

übernatürliche Kräfte handeln, die diese Naturerscheinung hervorrufen können. So wurden dem Wein sogar eigene Gottheiten gewidmet.

Bei den Griechen war es Dionysos und bei den Römern Bacchus, die um des Weines willen größte Verehrung fanden. Als fast schon religiös könnte man manchmal auch das Verhältnis von Weinsammlern zu ihren alten Gewächsen beschreiben. In klimatisierten Kellern gelagert, werden die Weine mit Respekt und großem Zeremoniell behandelt. Auf Versteigerungen erzielen solche Altweine Erlöse von bis zu mehreren tausend Euro pro Flasche.

Einer Studie zufolge werden jedoch die bekanntesten Sammlerstücke zu 70 Prozent nie verkostet! Frische und leichte Weißweine, sowie fruchtige, zarte Rotweine sind für eine lange Lagerung von mehr als zwei Jahren weniger gut geeignet. Aus Spitzenlagen stammende Weine hingegen, mit fester Struktur und Fülle, und vor allem edelsüße Weine, entwickeln ein außergewöhnliches Reifepotential, das dem Genießer einfach Spaß macht!

Die Ursachen für die Veränderung beim Altern der Weine sind komplexe chemische Prozesse. Beim Weißwein spielen vor allem

Umesterung und Oxidation eine Rolle. Beim Roten ist es zusätzlich die Bildung großer Molekülketten aus Tanninen (Polymerisation), welche die geschmacklichen Erlebnisse des Weinliebhabers hervorrufen. Beim Genuss eines alten Weines ist es wie mit dem besten Freund - Freundschaft muss gehegt und gepflegt werden. Das heißt: einem zum Lagern geeigneten Wein sollte man durchaus immer mal wieder näher kommen, damit man sich auch nach Jahren noch kennt!

SW

Amphore
(die)

Der am weitesten verbreitete Behälter für Wein war in der Antike die Amphore. Dabei handelt es sich um ein Tongefäß mit zwei Henkeln. Das untere Ende lief manchmal spitz zu oder hatte die Form eines Knaufs, in keinem Fall aber war es flach. Ihre Größe war unterschiedlich: Griechische Amphoren fassten etwa vierzig Liter, römische ungefähr 26 Liter. Das Wort Amphore ist griechisch und besagt, dass das Gefäß dazu gedacht war, von zwei Männern getragen zu werden. Eine einwandfrei versiegelte Amphore war ebenso luftdicht wie eine Flasche und so hielt sich in ihr ein guter Wein über sehr lange Zeit hinweg in bestem Zustand. Ohne die Amphore wäre der antiken Welt die Herrlichkeit eines reifen Weines sicher verborgen geblieben.
Für die Archäologie hat die Amphore einzigartigen Wert, weil sie die Rekonstruktion der alten Handelswege ermöglicht. Nach dem Jahr 250 nach Christus werden die archäologischen Nachweise für den Weinversand über See immer seltener. Erst vor kurzem wurde erkannt, dass der Grund hierfür in der Einführung von unzerbrechlichen, also langlebigen und leichteren Holzfässern zu suchen war. So wurde die Amphore als Beförderungsgefäß für Wein im dritten Jahrhundert nach Christus vom Fass verdrängt. Die Römer erkannten sofort die Vorteile der widerstandsfähigen und rollbaren Fässer gegenüber den unhandlichen, zerbrechlichen Amphoren, vor allem im kühleren und feuchteren Klima des Nordens. Der einzige Vorzug der Amphore war ihre Luftdichtigkeit, während Holz „atmet". Aus diesem Grund kann der Wein im Fass nicht jahrelang bis zur Reife ruhen.

SW

AP-Nummer
(die)

Die amtliche Prüfnummer ist 1970 von der EG-Weinmarktorganisation eingeführt worden. Wenn ein Winzer zum Beispiel einen QbA-Wein (Qualitätswein bestimmter Anbaugebiete) verkaufen möchte, dann muss er laut Weingesetz drei Probeflaschen mit dem Untersuchungsbericht eines Weinlabors sowie einem Prüfantrag beim zuständigen Weinbauamt zur Analysen- und Sinnenprüfung einreichen. Die Erteilung der AP-Nummer setzt voraus, dass die verwendeten Trauben ausschließlich von empfohlenen und zugelassenen Rebsorten stammen, die dann auch nur in einem einzigen Anbaugebiet gewachsen sind.

Der Wein muss das festgesetzte Ausgangsmostgewicht aufweisen und in Aussehen, Geruch sowie im Geschmack fehlerfrei sein. Dann muss nur noch die geforderte Mindestpunktzahl bei der Prüfung erreicht werden. Ohne verbindlich zugeteilte Prüfnummer darf ein Qualitäts- oder Prädikatswein nicht verkauft werden. Die AP-Nummer ist für den Verbraucher ein Garant für kontrollierte und geprüfte Qualität.

Hinter der zwölfstelligen Zahl verbirgt sich Informatives. Ein Beispiel, die AP-Nr.: 5 040 116 005 05. Die erste Ziffer gibt die amtliche Prüfstelle an. Die 5 steht hier für Neustadt/Pfalz. Die nächsten drei Ziffern (040) stehen für die Gemeinde, anschließend folgt die Betriebsnummer des Abfüllers (116). Die nächsten Ziffern geben Aufschluss darüber, um welche Abfüllung, in diesem Fall die fünfte, es sich handelt. Am Ende steht das Weinabfüllungsjahr 05 für 2005.

KS

Aromarad
(das)

Der erste Eindruck beim Weingenuss wird mit dem Geruchssinn erfasst. Eine Vielzahl von Aromen streichelt dem Konsumenten die Nase. Und dann diese immer wiederkehrenden quälenden Fragen: „Um welche Aromen handelt es sich? An was erinnert es mich? Woher kenne ich diesen Geruch?" Ein aufregendes Gefühl, es liegt einem buchstäblich auf der Zunge, die Gedanken überschlagen sich, aber der absolut passende Begriff zu den erhaschten Gerüchen bleibt aus...

An dieser Stelle kann das Aromarad helfen. Das erste Weinaromarad wurde in den 1980er Jahren an der University of California in Davis entwickelt. Zahlreiche Weinbauländer und Anbaugebiete haben das kalifornische Aromarad zum Vorbild für eigene, auf das aromatische Spektrum ihrer Weine abgestimmte Darstellungen genommen. Ebenso das für deutsche Weiß- und Rotweine. Es wurde von Dr. Ulrich Fischer in Zusammenarbeit mit dem Bund deutscher Önologen entwickelt.

Aromaräder sind meist einfache Pappscheiben – sie können, müssen aber nicht rund sein – auf denen ein in mehrere bunte Segmente unterteilter Kreis abgebildet ist. Man kann sie also auch als Aromakreise bezeichnen. Jedes Segment dieser Kreise ist mit dem Namen eines bestimmten Aromatyps belegt. Da findet man Begriffe wie Pflaume, Speck, Wachs, Brombeere, Unterholz, Honig, Banane oder Jasminblüte - alles Aromen, die der menschliche Geruchsinn beim Riechen an Weinen entdecken, oder besser, assoziieren kann. Meist sind diese Aromen in Gruppen wie holzig, fruchtig, erdig oder blumig eingeteilt. Gelegentlich findet man sogar zwei oder drei solcher Beschreibungsebenen übereinander. Das Aromarad ist ein hilfreiches Instrument, Wein besser erfassen zu können, über ihn zu kommunizieren! Trotzdem birgt der Weingenuss viele Geheimnisse, eine kleine Weinphilosophie, der man sich durchaus auch mal gedankenlos hingeben kann…

SW

Auslese
(die)

Als Auslese wird in Deutschland und Österreich eine Prädikatsweinstufe bezeichnet, die nur in sehr guten Jahren aus vollreifem, oftmals „edelfaulem" und ausgesuchtem Traubengut gewonnen wird. Nach Kabinett und Spätlese ist die Auslese die dritte Stufe des deutschen Prädikatssystems.

Als Auslese bezeichnet man sowohl den Reifegrad der Trauben und ihren Zuckergehalt zum Zeitpunkt der Lese, als auch den daraus gewonnen Wein. Auslesen eignen sich als Spitzenweine für eine lange Lagerung, und sie gewinnen mit jedem Reifungsjahr an Geschmacksausdruck. Die Weine fallen meist edelsüß aus und bestechen durch ein körperreiches beziehungsweise nachhaltiges Geschmacksbild.

An eine Auslese werden strenge gesetzliche Anforderungen gestellt. So muss das Mostgewicht mit Ausnahme der Rebsorte Riesling mindestens 100° Grad Oechsle betragen und in einigen Bundesländern müssen beispielsweise die Trauben mit Edelfäulebefall selektiv mit der Hand gelesen und unreife Beeren aussortiert werden. Beerenauslesen oder Trockenbeerenauslesen werden dagegen immer von Hand geerntet. Außerdem muss bei diesen Auslesen das Einschrumpfen der von der Edelfäule (Botrytis cinerea) befallenen Beeren abgewartet werden.

Auslesen können nicht in jedem Jahrgang gelesen werden. Die Qualität des für Auslesen geeigneten Lesegutes ist stark witterungsabhängig und steht nur in beschränkter Menge zur Verfügung. Außerdem ist das Einbringen bei der Handlese mühevoll und das Hängenlassen der Trauben mit einem hohen wirtschaftlichen Risiko verbunden. Auslesen sind daher im gehobenen Preissegment zu finden.

Die Auslesen stellen ein Konzentrat der begehrtesten Geruchs- und Geschmacksstoffe eines reifen Weines dar. Sie sind leichtsüß bis honigsüß und hinterlassen beim Schwenken des Glases sogenannte Kirchenfenster oder Schlieren. Es sind edle Gewächse für besondere Anlässe und Gelegenheiten. Man sollte sie am besten in kleinen Gläsern bei festlichen Anlässen zum Beispiel als Aperitif oder zum Nachtisch genießen.

JB

Sie sind nicht vergleichbar mit alten Reben, vielmehr sind es gebietsheimische Rebsorten, die im jeweiligen Weinanbaugebiet ansässig sind und nicht aus einer anderen Region „importiert" wurden. Das heißt, in Australien etwa gibt es diese autochthonen Rebsorten nicht, denn alle dortigen Reben wurden von Einwandern mitgebracht.

In Europa hat unser Kulturgut Wein eine lange und alte Geschichte, die mit einer Vielzahl an Sorten schon damals überzeugte. Im Mittelalter entschieden die Landesherren, welche Sorten sie im Anbau haben wollten und welche nicht. Unerwünschte Rebsorten wie Harthengst, Hudler oder Putscheer gibt es daher heute nicht mehr.

Überlebt hat natürlich allen voran der Riesling. Während die deutschen Anbaugebiete teilweise für sich selbst entschieden haben, welche autochthonen Rebsorten sie pflanzen wollten, haben sich eigene Typizitäten entwickelt. Der Elbling steht heute noch stolz an der Mosel. Der Ruländer/Grauer Burgunder (1711 von Johann Seeger Ruland in einem verwilderten Garten in Speyer entdeckt und verbreitet) ist hauptsächlich in Baden zu finden. Direkt daneben in Württemberg hat der Trollinger und auch der Lemberger überlebt – als Sinnbild für die Schwaben. Den Silvaner kennen viele, aber für Franken und Rheinhessen ist er heilig. Wir Pfälzer wiederum haben uns besonders um den Gewürztraminer und den Muskateller gekümmert.

Wie und in welchem Ausmaß der Klimawandel weiter sein Unwesen treibt, kann man noch nicht genau vorhersehen. Wir sind auch offen für Neues, aber hoffentlich verschwinden unsere autochthonen Rebsorten nicht!

KS

Autochthone
(„bodenständige",
„eingeborene",
„alteingesessene")
Rebsorten

Bacchus(rebe)

Baden

Bag-in-Box

Barrique

Beerenauslese

Bewässerung

Biologischer Säureabbau

Blanc de noirs

Blauer Portugieser

Blindprobe

Bukett

Burgunder-Familie

A C D E F G H I J K L M N O P Q R S T U V W X Y Z

Bacchus(rebe)
(der/die)

Bacchus hat eine doppelte Bedeutung. Zunächst ist Bacchus die römische Variante des griechischen Gottes Dionysos, des Gottes des Weines und der Vegetation. Der Sage nach pflanzte er den ersten Weinstock und lehrte die Menschen die Weinbereitung. Viele Künstler, vor allem große Meister der Malerei und Bildhauerei, ließen sich von der Gottheit inspirieren. Heute begegnet man dieser Symbolfigur gelegentlich auf Winzerumzügen. Vereinzelt tritt ein „Bacchus" aber auch als Repräsentant des Weines anstelle einer lokalen/regionalen Weinprinzessin auf. In der Pfalz sind aktuell in Geinsheim „Alexander I." und in Gimmeldingen Elmar Lutz als Bacchus die Weinrepäsentanten der beiden Neustadter Ortseile. Bacchus ist aber auch eine Weißweinrebe, die nach dem römischen Gott des Weines benannt wurde. Peter Morio kreuzte die Sorte 1933 am Institut für Rebenzüchtung Geilweilerhof Siebeldingen/Pfalz aus (Silvaner x Riesling) x Müller-Thurgau. Die Bacchusrebe ist sozusagen ein echter „Pfälzer", im Jahr 1972 erhielt sie Sortenschutz. Bacchusreben findet man hierzulande hauptsächlich in der Pfalz, an der Nahe und Mosel, in Rheinhessen, Franken und Sachsen.

Die Rebe stellt mittlere Anforderungen an Lage und Boden. Sie bevorzugt tiefgründige, frische und nährstoffreiche Böden und hat einen hohen Feuchtigkeitsbedarf. Die Trauben sind dichtbeerig, mittelgroß und reifen mittelfrüh. Die Sorte ist auch als Tafeltraube geeignet und liefert zufriedenstellende Erträge bei vergleichsweise hohen Mostgewichten. Zum Erreichen eines geschmacklich wertvollen Weines sind wenigstens 80° Grad Öchsle erforderlich. Die meisten der hellgelben Weine sind leicht bis mittelkräftig. Reife Bacchus-Weine sind extraktreich, fruchtig, bukettbetont und erinnern mitunter an die Scheurebe.

Der ideale Wein für Einsteiger passt aufgrund seines betonten Buketts eher zur kräftigen aromatischen, würzigen Küche. Gebratenes Schweinefleisch oder Schinken sind gute Partner der vorwiegend halbtrocken bis lieblich ausgebauten Bacchus-Weine. Zum Bacchus-Schoppen schmeckt aber auch ein einfacher Handkäse. Wegen ihrer fruchtigen Art werden Bacchus-Weine heute oft auch zur Herstellung von Weinessig, Weingelee und anderen Produkten aus Wein verwendet.

JB

A **B** C D E F G H I J K L M N O P Q R S T U V W X Y Z

Baden

Das Weinbaugebiet Baden erstreckt sich mit seinen etwa 16.000 Hektar Rebfläche fast 500 Kilometer vom Neckar im Norden bis zur Schweizer Grenze im Süden. Der größte Teil der Weinbergsfläche liegt im Rheingraben und seinen Seitentälern, mit Ausnahme kleiner Inseln am Bodensee und im fränkischen Taubertal. Im südlichsten Anbaugebiet Deutschlands gelten andere Weinregeln, denn in Baden wird das „B" groß geschrieben! Als einziges deutsches Weinanbaugebiet gehört es zur weinrechtlichen EU-Weinbauzone B. Damit steht es mit den Anbaugebieten Champagne, Elsass, Loire, Savoyen und Jura auf klimatischer Augenhöhe. Diese Eingliederung hat direkte praktische Relevanz für die Erzeuger. So muss zum Beispiel im Vergleich zu den übrigen deutschen Berufsgenossen das Traubengut der badischen Winzer ein höheres natürliches Mindestmostgewicht aufweisen. Respekt also, dass sich die badischen Winzer freiwillig zu diesem Schritt entschieden. Und noch ein B ist in Baden ganz groß: der Burgunder. Hier ist seine ganze Rebsortenfamilie vertreten. Der kräftige Grauburgunder mit etwa 1.418 Hektar ebenso wie der elegante Weißburgunder oder der filigrane Auxerrois. Die Hauptrotweinsorte ist der Spätburgunder mit über 5.200 Hektar Rebfläche. Badisch Rotgold heißt die roséfarbene Spezialität aus Spät- und Grauburgundertrauben.

Die relativ hohe Anzahl der mehrheitlich im Zu- und Nebenerwerb tätigen 23.000 Betriebe Badens beruht auf der historisch bedingten Realerbteilung. Drei Viertel der Anbaufläche werden von Genossenschaftsmitgliedern bewirtschaftet, rund fünfzehn Prozent der Anbaufläche von Weingütern, der Rest von Erzeugergemeinschaften. Und allesamt sind sie eines: Von der Sonne verwöhnt!

SW

Bag-in-Box
(die)

Viele Weingenießer denken jetzt wahrscheinlich an Tetrapak und runzeln die Stirn mit dem Gedanken: Daraus will ich doch keinen Wein trinken! Aber stopp: Bei der BiB (Bag-in-Box, was übersetzt soviel heisst wie „Beutel in der Schachtel") steckt mehr dahinter. Was im Ausland wie etwa Australien oder Skandinavien schon ganz normal ist, findet in Deutschland langsam aber stetig Anerkennung.

Die so genannte „Schlauchbeutel-Verpackung" hat ihren Ursprung bereits zu biblischen Zeiten. Der Wein wird heute aber nicht mehr in ein Ziegenfell, sondern in einen Beutel aus Plastik oder Aluminium gefüllt, der mit einem Zapfhahn versehen ist. Zum Stabilisieren und Transportieren wird er durch einen Pappkarton mit Tragegriff ergänzt. Um eine Oxidation des Weines mit Sauerstoff zu vermeiden, zieht sich der Beutel peu á peu beim Leeren zusammen, bildet ein Vakuum und jeglicher Kontakt mit Luft und Keimen wird vermieden. Dadurch bleibt der Geschmack auch nach dem Anbruch über längere Zeit frisch.

Einige Weingüter und Genossenschaften haben den BiB schon im 3-Liter-Paket im Angebot. Er entspricht etwa vier 0,75-Liter-Flaschen Wein, die beim Tragen aber fast zwei Kilogramm leichter sind. Der BiB ist handlich und passt in jeden Kühlschrank. Sollte er Ihnen versehentlich herunterfallen, gibt es keinen Glasbruch. Wenn der BiB ausgetrunken ist, ersparen sie sich den Weg zum Glascontainer. Sie benötigen keinen Korkenzieher und haben die Garantie, dass der Wein nie nach Kork schmeckt.

Falls Sie den Wein nicht einige Tage lang alleine trinken wollen, dann schmeckt er in Gesellschaft noch besser. Überraschen Sie doch bei der nächsten Wanderung oder zum Grillfest Ihre Gäste und Freunde damit, denn die Qualität der deutschen Weine in der Bag-in-Box sind frisch, süffig und gut: die praktische, preiswerte und unkomplizierte Partyergänzung.

KS

Barrique
(das)

Das Barrique ist ein Fass aus Eichenholz. Sein Ursprung liegt im Mittelalter und geht auf das Bordelaiser Schiffsmaß zurück. Heute ist es weltweit die Bezeichnung für 225-Liter-Fässer. Die Form und die Größe des Barriques ergaben sich dadurch, dass eine einzelne Person noch in der Lage sein sollte, es in gefülltem Zustand zu rollen oder es zu tragen, wenn es leer ist. Bis ein Barrique fertig ist, hat der Küfer (Fassbauer) einiges zu beachten. Es sind nur gerade gewachsene, etwa 150 bis 200 Jahre alte Eichen für die Produktion geeignet. Das Holz wird nicht zersägt, sondern gespalten und dann zwei bis drei Jahre im Freien gelagert. Würde das Holz gesägt werden, könnte die Weinqualität später durch die entstehenden Staubpartikel negativ beeinflusst werden.

Nach der Lagerung kommt das so genannte „Toasting". Durch Erhitzen werden die Dauben – so werden die zugeschnittenen und gebogenen Bretter für die Wandung des Fasses genannt – mit Hammer, Keil und Metallreifen in ihre Fassform gebracht.

Nun kann der Wein, der von hervorragender Qualität sein soll, zwischen sechs und 24 Monaten darin lagern. Das „atmende Holz" sorgt dafür, dass der Wein ständig in Kontakt mit Sauerstoff ist, was zu einer besseren Haltbarkeit der Weine führt. Der Ausbau erfordert viel Wissen und Erfahrung. Barriques verlieren spätestens nach der dritten Einlagerung an Aromakraft. Zum typischen Charakter von Barrique-Weinen gehören Holz- und Röstaromen sowie die Gerbstoffe (Tannine). Das Holzaroma verwandelt sich in feine Vanille-, Nelken- oder Zimtaromen und sorgt für ein zusätzliches Geschmacks- und Geruchserlebnis.

KS

Beerenauslese
(die)

Beerenauslesen sind natursüße Prädikatsweine und haben einen besonders hohen Oechslegrad. Aus den vollreifen Trauben werden die edelfaulen oder überreifen Beeren traditionell mit der Schere herausgeschnitten und gekeltert. Allein schon die hohen Lohnkosten bedingen einen hohen Preis, da selektiv gelesen werden muss.

Vollreifes Lesegut und ein günstiges Herbstwetter (warm und trocken) sind für die Gewinnung von Beerenauslesen beste Voraussetzungen. Beerenauslesen weisen reife Süße, Würze und Fülle auf und haben das unverkennbare Aroma der Edelfäule. Für die hohe Qualität solcher Weine ist der Schimmelpilz namens „Botrytis cinerea" (Edelfäulepilz oder Grauschimmelpilz) verantwortlich. Im Weinbau kann sein Auftreten aber auch große wirtschaftliche Schäden verursachen. Auf unreifen Traubenbeeren ruft der Schimmelpilz nämlich die gefürchtete Roh- oder Sauerfäule hervor. Befällt er die Traubenstiele, sterben diese ab und die Trauben fallen schon vor der Reife vom Stock. Man spricht daher auch von Stielfäule oder Schwundfäule. Wenn sich der Schimmelpilz jedoch bei trockenem, warmen Herbstwetter auf voll ausgereiften Traubenbeeren mit optimalem Zuckergehalt entwickelt, wirkt er sich positiv aus und ermöglicht die Gewinnung von exzellenten Beerenauslesen.

Für Beerenauslesen sind nach dem deutschen Weingesetz die Mindestanforderungen genau festgelegt. Das Mindestmostgewicht liegt je nach Anbaugebiet bei 110° bis 128° Grad Oechsle. Solche Weine können somit nicht in jedem Weinjahrgang geerntet werden. Beerenauslesen glänzen bernsteinfarben im Glas, gelten auch als Raritäten und sind meist über Jahrzehnte lagerfähig.

JB

Bewässerung *(die)*

Die Bewässerung ist eine Maßnahme zur Zusatzversorgung der Reben mit Wasser. Ihr Ziel ist eine Erhöhung der Traubenqualität durch die Aufrechterhaltung der Photosyntheseleistung bei beginnendem Trockenstress. Sie dient nicht der Ertragssteigerung und darf dementsprechend nur bis zum Eintritt der Traubenreife eingesetzt werden. Dann aber auch nur, wenn die Umweltbedingungen dies rechtfertigen.

Parameter ist der Entwicklungsverlauf der Rebe. In Deutschland wird der Einsatz durch Landesverordnungen geregelt. Die zweckmäßigste Form der Bewässerung ist die Tröpfchenbewässerung. Aus ober- oder unterirdisch verlegten Zuleitungen lässt man hierbei tröpfchenweise Wasser ins Erdreich sickern. Sie hat den Vorteil des sparsamen Wasserverbrauchs durch einen geringen Verdunstungsverlust. Gewöhnt sich die Rebe jedoch an diese Wasserzufuhr, richtet sie auch ihre Wurzeln danach aus. Das bedeutet, dass sie weniger tief wurzelt, nur noch Mineralstoffe im oberen Bereich des Bodens aufnimmt und ihr das Wasser eines niedrigeren Wasserspiegels vorenthalten bleibt.

Eine andere Form der Bewässerung ist die Sprinklerberegnung. Sie wird vor allem in Großanlagen der „Neuen Welt" eingesetzt und ist in unseren Regionen weniger verbreitet. Ziel dieser Überkronenberegnung ist die Senkung der Blatttemperatur und die Erhöhung der Luftfeuchtigkeit.

Reben sind sehr tief wurzelnde Pflanzen. Vor allem alte Weinberge können auch längere Trockenphasen unbeschadet überstehen. Ob mit oder ohne Bewässerung: Wein ist ein Produkt seiner Umwelt. Die Natur ist spannend, jedes Jahr aufs Neue! Dieser Kitzel ist es doch, der das Produkt Wein ausmacht. Daher wird jeder Winzer sehr verantwortungsvoll entscheiden, wie er in das Spiel unserer Natur eingreift!

SW

Biologischer Säureabbau *(der)*

Der Begriff „Biologischer Säureabbau" ist eine sehr technische Bezeichnung für einen der bedeutendsten Vorgänge im Wein. Dabei verkonsumieren Bakterien die im Wein vorhandene (und unangenehm sauer schmeckende) Apfelsäure (Malat), produzieren daraus Milchsäure (Laktat) und, wie bei der alkoholischen Gärung, Kohlensäure. Es handelt sich hier also um die zweite Gärung des Weines.

Die gebildete Milchsäure schmeckt wesentlich weniger sauer, weshalb man technisch gesehen diesen Vorgang als biologischen Säureabbau (kurz BSA genannt) bezeichnen kann. Kein Rotwein von großer Klasse kommt ohne ihn aus, auch die meisten im Barrique ausgebauten Weißweine (Chardonnay, Weißburgunder) durchlaufen zur Harmonisierung und Stabilisierung ganz gezielt diesen BSA direkt nach der Gärung.

Die Wortschöpfung „Biologischer Säureabbau" wird der Wichtigkeit des Vorgangs allerdings nicht gerecht. International nennt man dies viel treffender „Malolaktische Gärung" oder liebevoll auch „Malo" genannt. Fragen Sie doch Ihren Winzer beim nächsten Einkauf, ob sein Weißburgunder mit oder ohne „Malo" ist!

SW

Blanc de noirs *(der)*

Blanc de noirs „Weißer aus schwarzen (Trauben)" ist die französische Bezeichnung für einen Weißwein, der aus Rotweintrauben erzeugt wurde. In Deutschland ist dies nichts Neues, denn die meisten roten Rebsorten beziehen ihren Farbstoff aus der Beerenhaut, das Fruchtfleisch ist dagegen weiß. Erst wenn der Winzer die roten Beeren stark presst und die gemaischten Trauben komplett vergären lässt, entsteht Alkohol, der die Farbe von den

Beeren löst und in den Saft übergehen lässt. Genau dies passiert jedoch beim Blanc de noirs nicht.

Der Wein wird so zu einem wunderbar frischen und leichten Weißwein mit meist würzigen Fruchtaromen, die oft an Weiß- oder Grauburgunder erinnern. In der Pfalz wird hierfür meist der Spätburgunder (Pinot noir) oder der Schwarzriesling (Pinot Meunier) verwendet. Wie Sie als Weinkenner vielleicht wissen, haben die Rotweintrauben meist weniger Säure als die weißen Trauben. Somit ist der Blanc de noirs sehr bekömmlich, säurearm und ein perfekter Sommerwein.

Sein Gegenstück ist der Blanc de blancs. Wie der Name schon sagt, handelt es sich hierbei um einen „Weißen aus weißen (Trauben)". Meist wird der Blanc de blancs aus der Chardonnay-Traube erzeugt und ist oft in Verbindung mit Sekt oder Champagner wieder zu finden. Für uns in der Pfalz ist auch dies nichts Besonderes oder Beeindruckendes, aber irgendwie hört es sich schön an: Blanc de noirs oder Blanc de blancs.

KS

Blauer Portugieser *(der)*

Der Blaue Portugieser ist eine alte, rote Rebsorte, die aus dem Donaugebiet, aus Österreich oder Ungarn, stammen soll. Die Herkunft des Sortennamens ist nach wie vor umstritten. Wahrscheinlich ist der Portugieser von Portugal oder Spanien nach Österreich (Bad Vöslau) gekommen, und von dort in seine heutigen Verbreitungsgebiete. Als Synonyme werden daher auch Bezeichnungen wie Vöslauer, Badener (Österreich) oder Oportô (Ungarn) verwendet. In Deutschland wurde die Rotweinrebe erstmals um das Jahr 1800 in der Gegend um Bad Dürkheim angebaut.

Der Blaue Portugieser eignet sich für alle Böden und Lagen. Das Blatt ist groß, glänzend grün und drei bis fünflappig mit grob gezähntem Blattrand. Das Holz hat eine gelbe bis leicht rotbraune Tönung mit feinen Streifen und ist dunkel gepunktet. Die Traube ist mittelgroß und dichtbeerig mit runden bis ovalen, pflaumenblauen, hellgrauen Beeren. Die früh- bis mittelfrühreife Frucht eignet sich auch hervorragend als Tafeltraube.

Innerhalb Deutschlands (5050 Hektar) hat die Pfalz mit 2600 Hektar den größten Anteil der deutschen Portugieser-Rebfläche vorzuweisen. Mehr als ein Drittel der Anbaufläche befindet sich in Rheinhessen. Aus der Rebsorte wird ein bekömmlicher rubinroter Wein erzeugt, der sich im Geschmack durch eine milde Säure und einen saftigen Körper auszeichnet. In seinem Aroma erinnert der Blaue Portugieser an Johannisbeeren, Erdbeeren, manchmal sogar an grünen Pfeffer, und schmeckt hervorragend zu leichten Speisen.

Die Rotweine werden überwiegend als Qualitätsweine bestimmter Anbaugebiete für den täglichen Genuss ausgebaut und sind meist hellrot in der Farbe. Ein Großteil der jährlichen Produktion kommt als „Portugieser Weißherbst" oder „Portugieser Roséwein" auf den Markt, teilweise auch in Form so genannter „Sommerweine". Der Wein gilt als angenehm frisch und vollmundig und spielt in der Pfalz als Schoppenwein eine ähnliche Rolle wie der Trollinger in Württemberg.

JB

Blindprobe
(die)

Die Blindprobe ist eine Methode zur Verkostung von Weinen in Unkenntnis des Erzeugers der jeweiligen Weine, um Weinqualitäten neutral beurteilen zu können. In seltenen Fällen ist sogar die Rebsorte, die Herkunft oder auch der Jahrgang unbekannt. Zwar wird niemandem bei der Blindprobe die Augen verbunden, aber ein gewöhnungsbedürftiges Bild ist es doch.

Von den Flaschen werden dabei alle Erkennungsmerkmale wie Etiketten, Kapseln und Korken entfernt oder sie werden in Kartonhüllen oder Stoffhüllen versteckt, beziehungsweise in Aluminiumfolien eingeschlagen. Identifizierbar sind sie für den Weinverkoster nur über Nummern. Erst nach einer solchen Probe werden die Erzeuger, gegebenenfalls auch weitere Details wie Wein- oder Lagennamen, bekannt gegeben. Der Sinn dieser Methode der Qualitätsprüfung besteht darin, ein möglichst unvoreingenommenes, objektives Urteil zu ermöglichen. Denn Geschmackswahrnehmungen werden oft von Vorurteilen, Stimmungen und Einbildungen beeinflusst.

Meist kennen der oder die Verkoster bei Blindproben allerdings die Sorte beziehungsweise die Herkunft und den Jahrgang der Weine, die sie beurteilen müssen. Dadurch können Parameter, wie die Typizität der Weine, korrekt bewertet werden. Bei Profis gilt nur die Blindprobe. Aber auch für jeden Weinliebha-

ber zu Hause ist eine solche Verkostung sehr interessant. Seinen Lieblingswein, den man glaubt unter jedem anderen Tropfen wieder zu erkennen, bei einer Blindprobe herauszufinden, ist gar nicht so einfach. Die Blindverkostung kann in einer lustigen Runde zum Gesellschaftsspiel werden, sozusagen das Topfschlagen für Erwachsene!

SW

Bukett (Bouquet)
(das)

Der Begriff Bukett stammt ursprünglich aus der französischen Sprache und bedeutet Blumenstrauß. Das Bukett eines Weines wird einerseits durch den Duft und andererseits durch die im Mund entstehenden Aromen wahrgenommen. Das Bukett entfaltet sich aus den Aromen der Traube (Primäraromen) und den Verbindungen, die sich im Laufe der Gärung, des Ausbaus und der Alterung des Weines entwickeln (Sekundäraromen).

Wenn Sie das Bukett im Wein erkennen wollen, dann nehmen Sie den Duft des Weines wahr. Danach überlegen Sie, welches Gefühl und welche Erinnerung er in Ihnen weckt. Anschließend versuchen Sie Ihre Eindrücke zu ordnen. So können viele verschiedene Aromakomponenten entdeckt werden. Je nach Intensität spricht man von feinfruchtig-blumigem oder mineralisch-würzigem Duft. Diese Düfte stehen für die Traubenaromen, wenn die Beeren gesund und reif geerntet wurden. Duftet der Wein nach Holz- und Röst-Aromen, dann erfolgte der Ausbau in einem Eichenfass (etwa Barrique). Falls man jedoch eine balsamische Art feststellt, dann sind es meist Alterungsaromen (Karamell-, Cherry- oder eine Honignote). Weine mit kräftigem Bukett sind beispielsweise der Gewürztraminer oder der Muskateller.

KS

Burgunder-Familie *(die)*

Die Burgunder-Familie ist überaus groß. Die bekanntesten Rebsorten in der Pfalz sind der Weiß-, Grau- und Spätburgunder, auch der Schwarzriesling gehört zur Familie. Zu den ältesten Burgunder-Sorten zählen wahrscheinlich der Schwarzriesling (auch Müller-Rebe oder Pinot Meunier genannt) und der Spätburgunder (Pinot noir). Beide Rebsorten wurden schon vor über 400 Jahren getrunken. Interessant ist beim Spätburgunder, dass er zu natürlichen Mutationen neigt. Und hieraus entwickelte sich zuerst der Grauburgunder und dann der Weißburgunder.

Diese drei Rebsorten sind genetisch identisch und lassen sich bis zur Traubenreife kaum unterscheiden. Mit zunehmender Entwicklung verändern sich die Traubenfarbe sowie die Duft- und Geschmackskomponenten. Ihre typischste Unterscheidung sind die Aromen und die Rebblätter.

Der Weißburgunder ist zumeist blass bis hellgelb, mit guter Harmonie von Frucht und Säure, die erfrischend wirken. Der Grauburgunder hat zwei Gesichter. Früher wurde er unter dem Synonym Ruländer geführt. Dies waren gehaltvolle und süße Weine, während der Grauburgunder, so wie wir ihn heute kennen, vorwiegend trocken, mittelkräftig und säurebetont ausgebaut wird. Ein Verwandlungskünstler als Wein für begeisterte Käseliebhaber!

Der Spätburgunder wiederum erfreut sich eines guten Rufes: Er ist der König unter den Rotweinen. Die späte Traubenreife und die hohen Ansprüche an Lage und Klima machen viel Mühe, aber sein fruchtiger Körper und sein verhaltenes Feuer bereichern ihn mit Eleganz.

KS

Cabernet Dorsa

Champagner

Chardonnay

Classic

Crémant

Cuvée

Cabernet Dorsa
(der)

Der Cabernet Dorsa ist eine neu gezüchtete Rebsorte, die 1971 erstmals an der Staatlichen Lehr- und Versuchsanstalt für Wein- und Obstanbau in Weinsberg vorgestellt wurde. Die Rebe ist eine Kreuzung (Mutter x Vater) aus den Rebsorten Dornfelder und Cabernet Sauvignon. Im Herbst 1972 wurden die ersten 117 Sämlinge im Versuchsanbau gepflanzt und 1977 konnten die ersten Trauben gelesen werden. Den Sortenschutz und die Zulassung erteilte das deutsche Bundessortenamt Ende 2003. Die Anbaufläche betrug im Jahr 2006 etwa 216 Hektar.

Die neu gezüchtete Rotwein-Rebe gedeiht besonders gut in Burgunder- und Silvaner-Lagen und die Traubenreife ist mittel bis spät. Der Cabernet Dorsa erzielt höhere Mostgewichte als der Dornfelder oder der Spätburgunder. Der Wein hat einen vollmundigen Charakter sowie leichte Tannine, die an den Lemberger erinnern. Cabernet Dorsa-Weine eignen sich auch gut für den Barriqueausbau und benötigen eine ausreichende Holzfasslagerung.

Die neue Rotweinsorte erweitert eindeutig die Palette der Rotweine. Der farbintensive Wein ist manchmal gerbstoffbetont und zeigt ein schönes Fruchtspiel mit deutlichen Kirscharomen. Generell bestechen die Cabernet Dorsa-Weine durch eine ausgewogene Harmonie, viel Körper und große Nachhaltigkeit am Gaumen. Die charakteristische grüne Paprika des Cabernet Sauvignon ist zu finden und macht den Wein unverwechselbar.

Die qualitativ hochwertigen, dichten und nachhaltigen Weine haben traditionellen und internationalen Charakter, wobei die Cabernet- beziehungsweise Merlot-Art spürbar, aber nicht aufdringlich ist. Damit nehmen die Weine eine angenehme Zwischenstellung zwischen fruchtigem „deutschen" Typ und gerbstoffbetonten „internationalen" Typ ein.

JB

Champagner
(der)

Champagner ist ein französischer Schaumwein, der ausschließlich aus dem Gebiet der Champagne stammt und nach dem klassischen Flaschengär- und Rüttelverfahren hergestellt wird. Erst durch den Mönch Dom Perignon (1639 bis 1715) wurde der Champagner, also der Schaumwein, zu dem Genussgetränk, das wir heute kennen. Dom Perignon hat den Champagner nicht erfunden. Aber als Kellermeister (ab 1668) der Abtei Hautvill(i)ers sur Marne bei Epernay empfahl er den Gebrauch von Korkenstopfen anstelle der Wegwerfpfropfen, die er mit Kordel am Flaschenhals befestigte. Er führte die Cuvée, den Verschnitt aus verschiedenen Weinen ein, um so den geschmacklich besten Grundwein zu erhalten.

Der Name Champagner bezeichnete im 19. Jahrhundert als Gattungsname Schaumwein und Sekt beliebiger Herkunft. Im Jahr 1908 wurde der Begriff in Frankreich auf ein begrenztes Gebiet festgelegt und darf seit 1919 nicht mehr als Bezeichnung für deutsche Schaumweine und Sekte verwendet werden. Im AC-Gebiet Champagne wachsen 75 Prozent rote Trauben (Pinot noir und Pinot Meunier) und rund 25 Prozent weiße Trauben (Chardonnay). Die Champagner werden nahezu ausnahmslos aus diesen drei Rebsorten erzeugt. Wurden der Cuvée mehr rote Trauben zugesetzt, ist der Champagner umso stoffiger. Der leichteste ist der Blanc de blancs, der zu 100 Prozent aus weißen Trauben gewonnen wird und mit fortschreitender Reife oft raffinierte Röst- und Biskuitaromen entwickelt.

Jede Champagnermarke hat ihr eigenes Verschnittrezept. Jahrgangschampagner wird nur in guten Jahren aus Spitzenweinen hergestellt, wobei er mindestens drei Jahre in der Flasche reifen muss, bevor er vermarktet wird. In der Champagne gibt es rund 100 Champagner-Häuser, die für die Verarbeitung und für die Zusammenstellung der Cuvées verantwortlich sind. Champagner können bis zu zehn Jahre gelagert werden. Am besten hält er sich in Magnumflaschen (1,5 Liter) oder gar in sogenannten „Nebukadnezar" (entspricht 20 Normalflaschen = 15 Liter).

Der klassische Champagner schmeckt kräftig, nachhaltig und ist meist trocken. Die Champagnererzeugung erreichte in den letzten Jahren über 300 Millionen Flaschen. Mit etwa 60 Prozent sind die Franzosen nach wie vor die größten Abnehmer. Der Rest wird weltweit exportiert, wobei die übrigen EU-Länder etwa 25 Prozent des Exportvolumens aufnehmen.

JB

Chardonnay
(der)

Wie viele andere alte Rebsorten hat der Chardonnay vermutlich seinen Ursprung in Vorderasien. Er soll von den Kreuzrittern nach Frankreich gebracht und von den Benediktinern in Burgund verbreitet worden sein. Dort gibt es eine kleine Gemeinde mit dem Namen Chardonnay, von dem die Sortenbezeichnung abstammen soll. 1991 bekam die Rebsorte in Deutschland ihre Anbauzulassung.

Chardonnay ist eine weiße Rebsorte, die das Ergebnis einer natürlichen Kreuzung einer Pinotrebsorte mit Gouais blanc (Heunisch) ist. Sie zählt zu den populärsten Rebsorten der Welt. Sie ist praktisch in allen Weinbauländern vertreten und besitzt weltweit eine Anbaufläche, die fast der des Rieslings entspricht. Auch in Deutschland wachsen die Anbauflächen stetig an, und die hochwertige Weißweinsorte erfreut sich unter den Weingenießern zunehmender Beliebtheit. An der Südlichen Weinstraße und am Kaiserstuhl wird der Chardonnay angebaut.

Der Chardonnay stellt an den Standort ähnlich hohe Ansprüche wie der Weißburgunder oder Riesling. Er bevorzugt tiefgründige, kalkhaltige und warme Böden, die nicht zu Staunässe neigen. Im Herbst reift er recht spät und kann in der Regel kurz vor dem Riesling geerntet werden. Seine Oechslegrade liegen erfahrungsgemäß über dem des Weißburgunders. Die meisten Chardonnay-Weine werden im „trockenen" Geschmacksbereich angeboten. Neben dem Ausbau im Edelstahltank ist der vor allem bei Weingenießern beliebte Barriqueausbau sehr verbreitet. Doch dafür eignen sich nur hochwertige, komplexe Grundweine mit einer cremigen Säure. Frische und fruchtige Weine werden auch versektet. Das Aroma erinnert an Melone, Grapefruit oder an überreife Stachelbeeren. Beim Ausbau im Barrique ergänzt die Holznote die primären Fruchtaromen.

JB

Classic

Die Bezeichnung „Classic" signalisiert dem Weinfreund, dass er einen Wein aus einer klassischen gebietstypischen Rebsorte im Glas hat. Der Wein entspricht einem höheren Qualitätsanspruch mit einem größtenteils trockenen Geschmacksprofil. Seit dem Jahrgang 2000 steht der Begriff „Classic" für überdurchschnittliche Qualitätsweine bestimmter Anbaugebiete. Diese Weine schmecken harmonisch und lassen sich zu vielen Speisen kombinieren.

Hinter dem Begriff „Classic" steckt die Vorgabe, dass der Restzuckergehalt höchstens doppelt so hoch sein darf wie der Säuregehalt des Weines. Die Säure bestimmt gemeinsam mit dem Zuckergehalt das Geschmacksbild des Weines wesentlich mit. Der bevorzugte Ausbaustil ist trocken. Aus welchem Anbaugebiet ein „Classic"-Wein auch immer stammt, sein Restzuckergehalt beträgt nie mehr als 15 Gramm/Liter - und darauf kann sich der Weinfreund verlassen. Der Weingenießer kann auch darauf vertrauen, dass es sich um einen Jahrgangswein mit mindestens 12 Volumenprozent Gesamtalkoholgehalt handelt.

Das Etikett gibt neben der Nennung des Anbaugebietes auch das Jahr der Weinernte an und ermöglicht eine Weinauswahl nach individuellen Vorlieben, sei es für junge oder gereifte Weine. Die Angaben von Lagen/Gemeinden/Bereichen sind genau wie Geschmacksangaben (zum Beispiel trocken oder halbtrocken) nicht erlaubt. Der Ausdruck „Classic" signalisiert dem Verbraucher, dass es sich um Weine von klassischen Rebsorten handelt.

In der Pfalz sind dies Riesling, Grauer Burgunder, Weißer Burgunder, Rivaner, Dornfelder und Spätburgunder. Diese Rebsorten stellen so einen besonderen regionalen Bezug zur Pfalz her. Die Weinbau betreibenden Länder haben mit der Einführung von Profilweinen festgelegt, welche Rebsorten als regionaltypisch zu betrachten sind und demnach für einen „Classic"-Wein verwendet werden können. Ein bezeichnungsunschädlicher Verschnitt ist aus „Classic-Rebsorten" möglich. So kann etwa ein „Riesling-Classic" mit 15 Prozent aus einer der „Classic-Rebsorten" verschnitten werden.

„Classic" – hat Klasse, schmeckt Klasse und findet sich in jeder Weinflasche wieder.

JB

Crémant
(der)

Steht dieser Begriff auf dem Etikett Ihres Sektes, können Sie sicher sein, dass es sich hierbei um die höchste in Deutschland erreichbare Kategorie eines Schaumweines handelt.

Hinter dieser Bezeichnung verbirgt sich ein Qualitätsgedanke, der in jedem Arbeitsschritt des Winzers wieder zu finden ist. Der Most muss aus ganzen Trauben gewonnen werden, was eine Handlese voraussetzt. Mit dem schonenden Verfahren der Ganztraubenpressung wird zum einen sicher gestellt, dass die Gerbstoffe aus der Schale, den Kernen und Stielen der Traube kaum in den gewonnenen Saft gelangen, zum anderen der Grenzwert von 100 Liter Most, der aus 150 Kilogramm Trauben gekeltert werden darf, nicht überschritten wird.

Nachdem der Most zu Wein vergoren ist, beginnt ein weiterer Schritt in der Mission Crémant. Die zweite Gärung, die den Wein zu einem Crémant werden lässt, erfolgt nach der Methode der Traditionellen Flaschengärung, die mindestens neun Monate dauern muss. Ist diese Zeitspanne eingehalten, kann das Degorgieren (Enthefen) erfolgen. Hierbei ist jedoch zu beachten, dass mit der zugegebenen Dosage der Restzuckergehalt von 15 Gramm pro Liter nicht überschritten wird. Ein Crémant ist also immer Brut oder sogar Extra Brut. In den Anbaugebieten Deutschlands gelten bezüglich der zugelassenen Rebsorten unterschiedliche Bestimmungen. In der Pfalz sind Riesling, Grauburgunder, Weißburgunder, Chardonnay, Spätburgunder und Schwarzriesling für Crémant zugelassen. Crémant Pfalz - eine sehr exklusive Art Perlen im Wein zu genießen!

SW

Cuvée
(die)

Cuvée ist im deutschsprachigen Raum ein Synonym für den Verschnitt von Weinen. Eine Cuvée kann aus verschiedenen Rebsorten, Jahrgängen oder Weinbergslagen bestehen. Sinn einer Cuvée ist es, ein qualitativ hochwertiges Endprodukt zu bekommen. Diese Art der Weinbereitung ist nicht neu. Sogar der Anbau von mehreren Rebsorten im Weinberg besitzt eine lange Tradition. Die Trauben wurden als „Gemischter Satz" gemeinsam gelesen und gekeltert.

Heute wird diese Methode nur noch wenig angewandt. Derzeit zieht ein Kellermeister häufiger einen farbintensiven und körperreichen Wein als Verschnittpartner heran, um ihn dann mit einem fruchtigen und leichteren Wein zu kombinieren. Eine optimal zusammengeführte Cuvée schmeckt manchmal besser als der rebsortenreine Wein für sich selbst. Damit eine Cuvée sich zu einem harmonischen Ganzen verbindet, muss jede Eigenschaft (Fruchtausprägung, Tanningehalt, Alkoholgehalt, Restsüße) genau sensorisch beurteilt werden und in kleinen Proben einer Vorverkostung unterzogen werden. Ein Verschnitt ist keinesfalls das willkürliche Mischen von Weinen, sondern vielmehr eine Kunst, die viel Können, Feingefühl und Erfahrung voraussetzt. Denn erst durch die fein abgestimmte Zusammenstellung sich ergänzender Sorten – oft ein gut gehütetes Geheimnis des Kellermeisters – wird der Wein besonders rund und harmonisch. Nach dem Deutschen Weingesetz dürfen nur rote Sorten zu Rotwein-Cuvées und weiße Sorten zu Weißwein-Cuvées kombiniert werden.

KS

DC Pfalz-Wein

Degorgieren

Degustieren

Dekantieren

Depot

Dornfelder

Drieschen

Dubbeglas

Dunkelfelder

A B C D E F G H I J K L M N O P Q R S T U V W X Y Z

D

DC Pfalz-Wein
(der)

Dieser 2005 eingeführte Begriff steht übersetzt für: Kontrollierter Distrikt, lateinisch: districtus controllatus.

Jedes Unternehmen der Weinbranche kann an diesem Konzept teilnehmen. Zugelassen sind ausschließlich trockene Qualitätsweine der Rebsorten Riesling, Weißburgunder, Grauburgunder, Spätburgunder und Dornfelder. Diese fünf klassischen Rebsorten repräsentieren etwa die Hälfte der Pfälzer Rebfläche. Das Mindestmostgewicht bei Riesling und bei Dornfelder muss 75° Grad Oechsle betragen, bei den Burgundersorten müssen es mindestens 80° Grad Oechsle sein.

Auch der Mindestalkoholgehalt von zwölf Volumenprozent und das typische Geschmacksbild der Region und Rebsorte sind Voraussetzung, um dieses Herkunfts- und Gütezeichen in Form der auffallenden silbernen Kapsel mit dem DC-Pfalz Logo verwenden zu dürfen.

Geprüft werden die Weine nach der Qualitätsweinprüfung durch eine Kommission. Dabei wird in erster Linie darauf geachtet, inwieweit die Weine dem gebiets- und sortentypischen Geschmacksprofil entsprechen.

DC-Pfalz bietet dem Verbraucher eine Übersicht im Weinregal und gibt der Herkunft noch mehr Gewicht, denn Herkunft macht unverwechselbar!

SW

Degorgieren
(das)

Bei der traditionellen Flaschengärung befindet sich die Hefe mit dem Sekt während der Gärphase in der abgeschlossenen Flasche. Diese Flaschen werden auf Rüttelpulten in ihrer Neigung und durch Drehen solange bewegt, bis sich die Hefe im Flaschenhals gesammelt hat. Das Degorgieren (Enthefen) befreit den Sekt von der Hefe. Man unterscheidet zwischen dem Kalt- und dem Warmdegorgieren.

Beim Kaltdegorgieren wird die Hefe im Flaschenhals in einem Eisbad bei -20° Grad C eingefroren. Nun kann man die Flaschen aufrichten, ohne dass die Hefe zurückfällt. Der Kronkorken, der bis jetzt die Flasche verschlossen hat, wird entfernt und der gefrorene Hefepfropfen schießt durch die bei der Gärung entstandene Kohlensäure heraus. Beim Warmdegorgieren werden die Flaschen (ohne sie einzufrieren) vorsichtig, sodass keine Trübung durch Aufschütteln der Hefeteilchen entsteht, mit dem Flaschenhals nach unten auf einer Maschine befestigt. Diese entfernt den Kronkorken und die Hefe feuert heraus. Passiert durch eine Unachtsamkeit dennoch eine Trübung, muss die Flasche erneut abgerüttelt werden. Aus diesem Grund ist das warme Degorgieren auch wesentlich aufwändiger. Generell können natürlich nie alle Hefeteilchen aus der Flasche entfernt werden. Viele unsichtbare, schwebende Hefezellen bleiben zurück und ermöglichen so die lange Lagerfähigkeit des Sekts.

SW

Degustieren
(das)

Im Allgemeinen versteht man unter „degustieren" das Prüfen und Beurteilen von Lebensmitteln in Bezug auf Geruch und Geschmack durch Verkosten (von lateinisch „degusto": probend). Im Zusammenhang mit Wein bedeutet dies eine sensorische Prüfung. Dabei handelt es sich nicht um eine Wissenschaft, denn Weingenuss soll Freude machen. Jeder kann Wein probieren und beurteilen, wobei dies von einigen Kriterien bestimmt wird.

Das Aussehen des Weines wird über das Auge wahrgenommen. Nach dem Motto „das Auge trinkt mit", wird man als Weintrinker beeinflusst, ob ein Wein schmeckt. Über das Auge werden Klarheit, Farbtiefe sowie der Farbton wahrgenommen. Nach der optischen Prüfung ist nun die Nase an der Reihe. Riechen Sie am Wein! Entdecken Sie die Aromenvielfalt! Über die Nase wird der Wein lebendig und ein Fächer von Aromen breitet sich darin aus. Woran werden Sie erinnert? Erinnert Sie der Duft eher an Früchte, Blumen, Gemüse, Gewürze oder an Holz? Das Geruchsspektrum ist nie einseitig oder langweilig. Um dieses Geruchserlebnis zu verstärken, wird das Weinglas in kreisenden Bewegungen geschwenkt, um die Innenwand des Glases komplett mit Wein zu benetzen. Die Aromen können sich so besser entfalten.

Im Mund wird der Wein spürbar, indem man die Süße oder die Säure schmeckt, die sich harmonisch oder kräftig auf der Zunge präsentieren kann. Besonders beim Rotwein werden die Gerbstoffe (Tannine) auf der Zunge als pelzig und taub empfunden. Nach der Verkostung folgt der berühmte Abgang des Weines, um die Nachhaltigkeit und den Eindruck im Mund festzuhalten. Den Abgang kann man in Sekunden messen. Die Spanne reicht von nicht vorhanden bis zu 10 oder 20 Sekunden. Je intensiver der Abgang, also der Geschmackseindruck in Mund und Rachen, empfunden wird, desto nachhaltiger ist als subjektives Qualitätsmerkmal das Geschmackserlebnis.

Eine Weinverkostung ist somit immer eine tolle und spannende Entdeckungsreise für die Sinne. Auch Salvador Dali wusste dies zu schätzen, als er sagte: „Wer genießen kann, trinkt keinen Wein mehr, sondern kostet Geheimnisse."

JB

Dekantieren
(das)

Dies bedeutet das vorsichtige Umfüllen (eventueller Bodensatz bleibt in der Flasche zurück) eines Rotweines aus einer Flasche in eine Karaffe (Dekantiergefäß). In der Regel besteht diese aus Glas und hat einen breiten Boden. Dadurch bekommt der Wein eine größere Oberfläche. So wird, ausgelöst durch den Kontakt mit dem Sauerstoff der Luft, das volle Aroma des Weines entfaltet.

Über den optimalen Weingenuss gibt es viele verschiedene Meinungen, die sich auch zum Thema Dekantieren äußern. Manche Weinfachleute sagen, dass der Rotwein immer dekantiert werden muss, damit dieser richtig „atmen" kann. Andere sagen wiederum, dass dies der Qualität des Weines schaden würde. Weitere Experten sind der Meinung, dass Dekantieren nach wissenschaftlichen Erkenntnissen überhaupt keine Wirkung hätte und daher ohne Bedeutung sei. Ich bin der Meinung, dass dies am besten jeder selbst entscheiden sollte. Persönlich finde ich es sehr faszinierend, wie sich der Rotwein verändert, wenn man ihn dekantiert. Ich dekantiere sehr gerne. Wer Zeit hat, sollte es sich gönnen, einen Wein in der Karaffe zu beobachten und über einige Stunden zu probieren. So lässt sich die Entwicklung eines Weines über eine längere Zeitspanne verfolgen. Es ist fantastisch zu sehen, wie sich die Weine entfalten.

KS

Depot
(das)

Der Begriff Depot stammt aus dem Französischen und bedeutet übersetzt Ablagerung. Dieses Phänomen ist fast ausschließlich bei hochwertigen Rotweinen zu beobachten. Während des Reifeprozesses, bei der Lagerung in der Flasche, oxidieren im Wein enthaltene Stoffe. Es handelt sich hierbei hauptsächlich um Gerb- und Farbstoffe, die oxidieren, polymerisieren, dadurch unlöslich werden und sich dann allmählich in der Flasche absetzen. Der Weinkenner weiß: Vor allem bei einem lange auf der Flasche gelagerten, hochwertigen Rotwein, ist ein solches Depot vorhanden und keineswegs ein Weinfehler!

Um einen gereiften Rotwein ohne Depot genießen zu können, sollte man einen kleinen, jedoch rentablen Aufwand betreiben, einen Umweg von der Flasche ins Weinglas. Alte, gelagerte Rote werden vorsichtig, fast wie mit Samthandschuhen, aus dem Weinregal geholt. Die Flasche sollte nicht gestellt oder gedreht werden. Beim Öffnen darf sie nur so weit angehoben werden, um den Korken ohne Weinverlust ziehen zu können. Die Weinflasche wird nun in ein Dekantiergefäß umgefüllt. Der Wein bekommt darin eine große Oberfläche, die seine Aromen zur Entfaltung bringt. Beim Umfüllen ist natürlich darauf zu achten, dass der letzte, trübe Rest nicht in den Dekanter gelangt. Er ist traditionell der Obolus, den der Sommelier für sich behält und sicherlich mit Freude genießt!

SW

Dornfelder
(der)

Der Dornfelder ist eine frühreifende, starkwüchsige rote Rebsorte. August Herold züchtete den Dornfelder 1955 an der Staatlichen Lehr- und Versuchsanstalt für Wein- und Obstbau in Weinsberg (Baden-Württemberg) durch eine Kreuzung der beiden Sorten Helfensteiner und Heroldrebe. Benannt wurde die Rebsorte nach dem Weinbaufachmann und Gründer der Weinbauschule in Weinsberg, Imanuel Dornfeld.

In Deutschland startete die Erfolgsgeschichte der Rebsorte im Jahr 1982 mit 328 Hektar bestockter Rebfläche. Inzwischen ist der Dornfelder nach dem Spätburgunder die am zweithäufigsten kultivierte Rotweinrebe in Deutschland. Hauptverbreitungsgebiete sind die Pfalz und Rheinhessen.

In der Pfalz begann der Rotweinboom des Dornfelders Anfang der neunziger Jahre. Als Verschnittpartner anderer roter Rebsorten sollte er dem daraus gekelterten Wein mehr Farbe verleihen. Der Dornfelder ist jedoch längst seiner ursprünglichen Rolle als „Deckwein" entwachsen und hat sich zu einem eigenständigen,

charaktervollen Weintyp mit häufig südländisch anmutendem Flair entwickelt. Sortenrein ausgebaut ist er inzwischen in den unterschiedlichen Qualitätsstufen erhältlich. Allgemein gilt der aus Dornfelder gewonnene Wein als harmonisch. Innovative Winzer erzielen mit ihrem im traditionellen Holzfass oder im Barrique ausgebauten Dornfelder Höchstpreise und internationale Auszeichnungen.

Während sich die Dornfeldertraube hervorragend als Tafeltraube eignet, ist der Wein ein perfekter Begleiter zu kräftigem Braten, Wild sowie zu würzigem Käse. Als gehaltvoller körperreicher Wein erinnert sein Aroma meist an Sauerkirsche und Brombeeren, manchmal an Paprika. Gerade in der Winterzeit beschert er dem Weingenießer eine behagliche Stimmung.

JB

Drieschen
(die)

Drieschen sind verwahrloste Rebflächen, die nicht mehr bewirtschaftet werden. Wenn man direkt vor einer Driesche steht, kann man oft schon nicht mehr erkennen, ob hier einmal Wein angebaut wurde. Das Unkraut kann meterhoch stehen und so manches Brombeer- und Distelgestrüpp versperrt den Blick auf die noch immer vorhandenen Weintrauben. Besonders in den Steillagen finden sich Drieschen immer wieder und stellen ein großes wirtschaftliches Problem dar.

Wer glaubt, der Winzer würde der Natur ein Stück Land zurückgeben, der irrt. Drieschen sind Krankheitsherde mit fatalen Folgen: Schädlinge und Pilzkrankheiten können sich durch die fehlende Rebstockpflege ausbreiten und der Wind kann diese in gesunde Weinberge tragen, vor allem benachbarte Rebflächen sind einem großen Infektionsdruck ausgesetzt. Daher sollten alle aufgegebenen Rebflächen gerodet werden, damit Reblaus und Schwarzfäule keine Chance haben. Seit 1986 wird im Pflanzenschutzgesetz die Beseitigung der Drieschen eingefordert.

Was sich so einfach anhört, ist leider sehr zeit- und kostenintensiv. Sogar die EU ist eingesprungen und unterstützt diese Maßnahmen mit Fördergeldern. Aber eine Bedingung lautet, dass finanziell geförderte Rodungsflächen nie mehr mit Weinreben bestockt werden dürfen. Ein hartes Los, bei dem viele Winzer dankend ablehnen. Eine weitere Möglichkeit wäre es, eine Ziegenherde in die Driesche zu schicken, die das Unkraut auffrisst und anschließend so manche Arbeit erleichtert. Man könnte so Natur, Tiere und Menschen zufrieden stellen, und die Winzer mit ihren gesunden Rebflächen wären vor Schaden geschützt.

KS

Dubbeglas
(das)

Ein Dubbeglas ist ein speziell gefertigtes gläsernes Trinkgefäß, das überwiegend in der Pfalz verwendet wird. Für Wein oder Weinschorle ist es vor allem an lauen Kerweabenden prädestiniert. Einen halben Liter fasst dieses echte Schoppenglas, das dafür gemacht ist, in der Weinrunde von Hand zu Hand gereicht zu werden, um nacheinander daraus zu trinken. Dubbeglas deswegen, weil es sich im Gegensatz zum herkömmlichen Stangenglas in der Zylinderform nach unten verjüngt und rund herum mit kleinen Einbuchtungen, sogenannten „Tupfen" versehen ist.

Beim edelsten seiner Art sind diese „Dubben" aus dem Glas geschliffen und nicht gedrückt. Sowohl das Dubbeglas, als auch das herkömmliche Schoppenglas werden häufig mit dem Wappen oder dem Slogan des jeweiligen Ortes, des Weingutes, des Weinanbaugebiets oder der Winzergenossenschaft bedruckt. Auf dem größten Weinfest der Welt, dem Dürkheimer Wurstmarkt, wird ein „Dubbeglas-Orden" mit jährlich wechselndem Motto vertrieben. In Maikammer steht auf dem Marktplatz das „Schoppendenkmal". In seiner Mitte befindet sich eine Aussparung, in die ein Dubbeglas eingefügt werden kann. Der Überlieferung nach wurde das Dubbeglas von Metzgern aus Bad Dürkheim erfunden, weil bei Schlachtfesten die üblichen glatten Stangengläser zu leicht aus der feuchten Hand rutschten. Auf Pfälzisch sagt man: „Des Glas liegt gatting in de Hand un ritscht nit weg un in de Sand!" Sieht man auf einer Kerwe in der Pfalz eine Gruppe stehen, in der jeder sein eigenes Dubbeglas in der Hand hält, kann man wohl davon ausgehen, dass es sich dabei um Touristen handelt. Viele sind oft überrascht und ein wenig geschockt, wenn sie einen Wein bestellen und diesen dann halbliterweise verkauft bekommen. Dabei ist uns Pfälzern vollkommen klar: „De Dorscht, der macht erscht richtig Spaß, hoscht so e Pälzer Dubbeglas!"

SW

Dunkelfelder
(der)

Der Dunkelfelder ist eine Rotweinsorte, bei der es sich um eine Neuzüchtung durch Landesökonomierat Gustav Adolf Froelich (1847-1912) aus Edenkoben handelt. Die Neuzüchtung erfolgte bereits Anfang des 20. Jahrhunderts und überdauerte den Zweiten Weltkrieg in einem Rebsortiment der Forschungsanstalt in Geisenheim. Leider sind die Kreuzungseltern bis heute nicht bekannt. Der Dunkelfelder gehört zur Familie der Färbertrauben. Den Namen „Dunkelfelder" erhielt die Rebsorte an der Forschungsanstalt Geisenheim in Anspielung auf die dunkle Farbe.

Seit 1980 besteht für den Dunkelfelder ein Sortenschutz. Nach dem Verbot des ausländischen Deckweinzusatzes im Jahr 1979 wurde der Wert dieser Sorte, bedingt durch seine sehr starke Fruchtfleischfärbung, erkannt. Bis zu diesem Zeitpunkt durfte ein inländischer Rotwein noch mit ausländischem Rotwein zur Verbesserung des Farbstoffgehaltes verschnitten werden.

Die Rebsorte steht mittlerweile auf 370 Hektar Rebfläche, vor allem in der Pfalz, Rheinhessen und in Baden. Aufgrund seiner frühen Reife sind die Lageansprüche nicht hoch und es können im Durchschnitt Mostgewichte von 75° bis 85° Grad Oechsle erreicht werden.

Der Dunkelfelder wird überwiegend als Deckwein bei farbschwachen Rotweinsorten (beispielsweise Spätburgunder/Portugieser) oder als Verschnittpartner bei der Erzeugung von Cuveés eingesetzt. Dennoch gewinnt er zunehmend Anerkennung als eigenständiger, stoffiger, nachhaltiger, körper- und gerbstoffbetonter Rotwein, der eine angenehm cremige, milde Säure besitzt. Besonders interessant ist der Wein zu Wild- oder Grillgerichten sowie zu verschiedenen Käsesorten.

JB

Edelfäule

Edelzwicker

Eiswein

Erzeugerabfüllung

Etikett

Extrakt

Edelfäule
(die)

Bei warmer und feuchter Herbstwitterung können die Trauben vom Pilz der Edelfäule (auch Botrytis cinerea genannt) befallen werden. Dieser perforiert die Beerenhaut, es verdunstet verstärkt Wasser aus der Beere, die verbleibenden Inhaltsstoffe in der Beere konzentrieren sich.

Der Pilz der Edelfäule ernährt sich hauptsächlich von Stickstoffverbindungen, Mineralstoffen, Zucker und Säure. Da er relativ mehr Säure als Zucker verzehrt, steigt vergleichsweise das Mostgewicht stärker als der Gehalt der Säure. Werden die Trauben im fortgeschrittenen Reifestadium befallen, so ist dieser Pilz genial. Für die Erzeugung von Beerenauslese oder sogar Trockenbeerenauslese geht es nicht ohne Botrytis! Denn durch sie entstehen Rosinen von großer Klasse! Hauptsächlich dem Riesling bekommt dieser Pilz gut. Seine Aromen werden durch die spezielle Konzentration der Traubeninhaltsstoffe noch mehr hervorgehoben. Bei den Bukettsorten ist das Gegenteil der Fall. Auch bei Rotweinsorten ist er nicht erwünscht, denn die Farbstoffe in der Beerenschale werden durch ihn zerstört.

Im Herbst 2006 war es eine Seltenheit, eine Traube zu finden, die den reinen Befall der Edelfäulnis aufweisen konnte. Hierfür war die Witterung zur falschen Zeit einfach zu nass.

SW

Edelzwicker
(der)

Der Edelzwicker oder Zwicker ist ein leichter, trockener Weißwein aus dem Elsass (Frankreich), der aus mehreren Rebsorten als Cuvée verschnitten wird. Meist wird der Edelzwicker in Literflaschen abgefüllt. Es handelt sich bei diesem Wein häufig um einen einfachen, trockenen Schoppenwein. Er probiert sich kräftig und herb und weist einen verhältnismäßig hohen Alkoholgehalt auf. Im Edelzwicker sind neben den hauptsächlich verwendeten Rebsorten Gutedel und Silvaner auch noch die Sorten Riesling, Weißburgunder, Grauburgunder, Muscat (Elsass), Auxerrois und Gewürztraminer vertreten.

Bei der Herkunft des Namens „Edelzwicker" geht man davon aus, dass der Name „edler Verschnitt" bedeutet und von „Zwicken" (abschneiden von Traubenteilen) abgeleitet ist. Früher wurde zwischen Zwicker, der aus den einfachen Rebsorten „Gutedel" und „Silvaner" und Edelzwicker, der aus „edlen" Weinsorten besteht, unterschieden. Heute wird alles unter dem Namen Edelzwicker vermarktet.

In Deutschland erlangte der Edelzwicker in den 1970er Jahren insbesondere bei den Liebhabern trockener Weißweine große Beliebtheit. Aufgrund des Erfolges des Edelzwickers wurden ab den 80er Jahren auch in Deutschland immer mehr hochwertige trockene Weine ausgebaut. Zusätzlich drängte sich aber ab dem Ende der 80er Jahre ein neuer moderner Weißwein aus Italien, der Pino grigio (Grauburgunder) in den Markt, der daraufhin auch in Deutschland zu einer Wiederentdeckung des Grauburgunders führte. Mit dem Wandel hin zu den neuen Weinen geriet der Edelzwicker somit praktisch immer mehr in Vergessenheit.

JB

Eiswein *(der)*

Eiswein ist eine hochwertige Weinart, die durch eine besondere Lese erzeugt wird. Für seine Herstellung werden die möglichst gesunden Trauben bis zum Frosteintritt am Rebstock belassen, da die gewünschte Steigerung des Mostgewichts auf über 120° Grad Oechsle (Mindestmostgewicht) nur bei starkem Frost möglich ist. Voraussetzung ist eine länger als fünf Stunden anhaltende Außentemperatur von mindestens minus sieben Grad oder kälter. Dazu kommt, dass die Lese in den frühen Morgenstunden bei Kälte (die Trauben dürfen nicht auftauen) und Dunkelheit sowie größtenteils per Handarbeit erfolgen muss.

Beim Pressen wird aus den gefrorenen Beeren der konzentrierte Traubensaft mit allen extrakt- und zuckerreichen Inhaltsstoffen gewonnen. Dieser Vorgang verläuft sehr langsam und kann mehrere Stunden dauern. Der süße Most mit den Extraktstoffen hat einen tieferen Gefrierpunkt als Wasser. Nur dieses Mostkonzentrat läuft ab und soll vergären; die Eiskristalle oder das Eis bleiben in der Kelter zurück und werden mit dem Trester ausgeschieden. Beim Abpressen auf der Kelter muss ständig kontrolliert werden, wie sich das Mostgewicht (der Zuckergehalt) verändert.

Die Herstellung von Eiswein ist äußerst aufwändig und risikoreich, das Ergebnis nicht planbar. Außerdem beträgt die Erntemenge nur den Bruchteil eines herkömmlichen Weines, was die relativ hohen Preise erklärt. Charakteristisch für Eiswein ist die

Verbindung von konzentrierter Süße und hoher Säure, die in den Aromen oft an Karamell- und Honignoten erinnert. Besonders erfolgreich mit Eiswein sind Pfälzer Winzer bei internationalen Wettbewerben.

KS

Erzeugerabfüllung *(die)*

Erzeugerabfüllung ist ein Hinweis auf dem Etikett für Weine, die aus Traubengut des Erzeugers im Erzeugerbetrieb hergestellt wurden. Das bedeutet, dass der Anbau, die Weinerzeugung und die Abfüllung in den Händen des Winzers, einer Winzergenossenschaft oder eines vergleichbaren Zusammenschlusses (beispielsweise von Weinbaubetrieben) liegen.

Bis in die Mitte des 20. Jahrhunderts verkauften die meisten Winzer ihren Wein in Fässern an die Händler, die ihn wiederum in Flaschen abfüllten und im Sinne des Weingesetzes als Abfüller fungierten. Diese Praxis ließ den Verbraucher hinsichtlich der Herkunft des Weines allerdings häufig im Unklaren. Heute müssen „Abfüllbetriebe", die ihre Trauben, den Most oder den Wein von Winzern beziehen, die volle Garantie für Weinausbau und Qualität übernehmen. Auf dem Etikett steht dann der Hinweis „Abfüller".

Als Abfüller treten Weinkellereien, aber auch Winzerbetriebe auf, zum Beispiel bei Zukauf der Süßreserve oder bei einer klassischen Lohnfüllung. Die gängige Praxis ist, dass Winzer ohne eigene Abfüllanlage diese vom Abfüllbetrieb mieten; nur in diesem Falle darf der Begriff „Erzeugerabfüllung" Verwendung finden. Es war Baron Philippe de Rothschild (1902-1988), der erstmals 1927 für seinen Chateau Mouton-Rothschild in Pauillac bei Bordeaux die Erzeugerabfüllung einführte.

Die Bezeichnung „Erzeugerabfüllung" darf nur für Weine verwendet werden, die aus selbst gewonnenen Trauben des Erzeugers oder der Mitglieder des genannten Erzeugerzusammenschlusses im eigenen Betrieb hergestellt und abgefüllt worden sind. Der Begriff „Erzeugerabfüllung" gilt nur für Wein aus Deutschland und der Provinz Bozen (Südtirol). Der Erzeugerabfüllung entsprechen in Frankreich auf dem Etikett Begriffe wie zum Beispiel „mis en bouteilles à la proprietié" oder „mis d´origine".

Die ursprüngliche Angabe „aus eigenem Lesegut", die früher zulässig war, sowie alle weiteren Leseguthinweise, wie zum Beispiel: „aus dem Lesegut des Winzers XY" oder „aus dem Lesegut unserer Mitglieder" sind nicht mehr erlaubt. Seit dem Jahr 1971 löste der Begriff „Erzeugerabfüllung" die allgemein verbreitete Bezeichnung „Originalabfüllung" ab. Der Erzeuger und Abfüller bürgt mit seinem guten Namen für die Beschaffenheit der Weine. Wer von der Qualität seines Winzers, seiner Kellerei oder Genossenschaft überzeugt ist, bleibt ein treuer Kunde.

JB

Etikett
(das)

Für den Weingenießer ist das Etikett eine Selbstverständlichkeit auf jeder Weinflasche. Doch dieses Papierstück muss viele Kriterien erfüllen und ist die „Visitenkarte" jeden Weines.

Zum 1. August 2003 wurde das Bezeichnungsrecht deutlich liberalisiert. Zu den obligatorischen Angaben beim Qualitätswein gehört das Anbaugebiet, die Qualitätsstufe, der Erzeuger oder Abfüller, der tatsächlich vorhandene Alkoholgehalt in % Vol., das Nennvolumen in Liter und die Amtliche Prüfungsnummer. Die Weinart ist nur bei Weinen anzugeben, die weder Weißwein noch Rotwein sind.

Üblicherweise wird jeder Wein mit Schwefel haltbar gemacht. Aus diesem Grund muss seit 2005 die Bezeichnung „Enthält Sulfite" als Warnhinweis für Allergiker auf dem Etikett erscheinen. Viele Erzeuger folgen der Devise: Mehr Klarheit durch übersichtliche Optik.

Eine Möglichkeit hierbei ist es, mit zwei Etiketten zu arbeiten. Das Blickfangetikett soll den Wiedererkennungswert steigern und über die wesentlichsten Produktmerkmale informieren. Es gibt Erzeuger, die haben es geschafft, dass man mit einem flüchtigen Blick auf die Flasche sofort erkennt, woher sie kommt. Auf einem gegenüberliegenden Etikett sind dann alle Pflichtangaben zusammengefasst und eventuell durch weitere zulässige Angaben ergänzt.

Sogar die Schriftgrößen der Bezeichnungen müssen Anforderungen erfüllen. Die Schriftgröße des Nennvolumens etwa muss bis 200 Milliliter Inhalt drei Millimeter betragen, bei 200-1000 Milliliter muss sie vier Millimeter groß sein. Ob der Gesetzgeber annimmt, dass sich die Leistungsfähigkeit der Augen des Verbrauchers mit zunehmender Flaschengröße verschlechtert?

SW

Extrakt
(der)

Der Begriff Extrakt kommt aus dem Lateinischen von extrahere, extractum, was soviel bedeutet wie „herausziehen". Extrakte sind die Summe aller nichtflüchtigen Inhaltsstoffe des Weines. Sie werden in Gramm pro Liter angegeben. Dazu gehören Zucker, Tannine, Farbstoffe, bestimmte Säuren, Glyzerin, Mineralstoffe und Stickstoffverbindungen, nicht dagegen Wasser, Alkohol, schweflige Säure und flüchtige Säuren.

Der Extraktgehalt von Weinen ist abhängig von der Rebsorte und vom Anbaugebiet, aber auch vom Witterungsverlauf in der Reifeperiode der Trauben und von der Art des Ausbaus der Weine. Weine aus regenreichen Jahren zeigen meist höhere Extraktwerte. Denn je mehr Wasser der Rebe zur Verfügung steht, umso mehr Mineralstoffe, vor allem Kalium aber auch verschiedene Stickstoffverbindungen, können in die Traube mit aufgenommen werden.

Auch im Barrique ausgebaute Gewächse zeigen meist höhere Extraktwerte, denn hier wird unter anderem der Anteil der Tannine stark erhöht. Rotweine haben aufgrund der langen Extraktion während der Maischestandzeit meistens höhere Extraktwerte als Weißweine. Der Extraktgehalt gilt in gewisser Weise als Indikator der Weinqualität. Extraktreiche Weine (vollmundig, körperreich) gelten als höherwertiger als extraktarme Weine (dünn, flach, kurz).

Mit einem solchen Vergleich sollte man jedoch aufpassen: Sinnvoll ist diese Gegenüberstellung nur bei Weinen gleicher Rebsorte, gleicher Herkunftsbezeichnung, gleichem Jahrgang und gleicher Machart. Der zuckerfreie Extrakt gilt hier als charakteristischer Parameter. Er beinhaltet alle Extrakte abzüglich des nicht vergorenen Restzuckers. Dem Konsumenten bleiben diese Analysewerte jedoch meist verborgen. Macht auch nichts, denn letztlich entscheidet nur Eines: Der Geschmack!

SW

Faberrebe

Flaschengärung

Federweißer

Flying Winemaker

Firngeschmack

Franken

Flasche

Französisches Paradoxon

Fruktose

Faberrebe
(die)

Faberrebe, auch Faber genannt, ist eine Weißweinrebe, die 1929 an der Landesanstalt für Rebenzüchtung in Alzey von Georg Scheu aus Weißburgunder x Müller-Thurgau gekreuzt wurde. Der Name stammt vom lateinischen Wort „faber" für Schmied und steht für den erfolgreichen Versuchsansteller Karl Schmitt aus Wollmesheim (Pfalz). Die Neuzüchtung, die einen traditionellen Wein liefert, erhielt 1967 Sortenschutz. Bis zum Beginn des neuen Jahrtausends nahm die Anbaufläche von ehemals etwa 2000 Hektar stetig ab, wobei die durch Rodung gewonnenen Rebflächen verstärkt für den Anbau von Rotweinsorten genutzt werden. Aktuell sind in Deutschland noch etwa 690 Hektar Rebfläche mit der Faberrebe bestockt, vorwiegend in Rheinhessen, Franken und in der Pfalz.

Die Faberrebe besitzt eine große Bodenanpassungsfähigkeit und stellt an Lage und Boden ähnliche Ansprüche wie der Silvaner. Die Reife erfolgt früh bis mittelfrüh. Sie neigt zu Stiellähme, was zu einem erhöhten Anteil an Bodentrauben führen kann. Durch geeignete Kulturmaßnahmen kann jedoch dieser unerwünschten Mangelerscheinung entgegengewirkt werden. Die Weißweinsorte bringt elegant-frische, fruchtige bis rassige Weine mit relativ hoher Weinsäure und genügend Extrakt hervor. Die Weine verfügen über ein feines, angenehmes Bukett mit einem charakteristischen leichten Muskat-Aroma. Die Faberrebe ist eine wertvolle Ergänzungssorte, da sie im Vergleich zu Müller-Thurgau und Silvaner die frischeren Weine liefert und mit ihr häufig Spätlesen und auch Auslesen zu erzielen sind.

Jeder trinkt den Wein, der ihm am besten schmeckt. Als Zungenschmeichler, der intensiv und lang stehen bleibt, braucht der Faber einen deftigen, vielleicht auch exotischen Partner oder noch besser: Obst und Käse.

JB

Federweiße
(der)
Neuer Wein

Neuer Wein oder Federweißer gehört einfach zum Herbst. Seinen Namen verdankt er seinem Aussehen. Bei der Gärung des Traubenmostes werden die im Traubensaft befindlichen, milchigen Hefeteilchen aufgewirbelt, was den Eindruck erweckt, als befänden sich viele kleine, weiße Federn im Glas. Die Gärung beginnt abhängig von der Lagertemperatur relativ schnell und der Neue Wein gärt so lange weiter, bis der darin enthaltene Zucker in Alkohol umgewandelt ist. Hierbei wird der Fruchtzucker (Glukose und Fruktose der Trauben) in Alkohol und Kohlensäure gespalten. In der Pfalz bekommt man Federweißen ab einem Alkoholgehalt von vier bis etwa zehn Prozent.

Als beliebtes, erfrischendes und belebendes Getränk kennen wir den Federweißen. Doch aufgepasst: Er darf nicht luftdicht verschlossen werden, sonst birst das Gefäß wegen der andauernden Gärung. Federweißer ist nicht lange haltbar und sollte nach ein paar Tagen getrunken sein. Tipp: nicht mehr als zwei bis drei Viertel am Tag trinken, sonst werden Sie von seiner anregenden Wirkung negativ überrascht!

Direkt verzehrt schmeckt der Neue Wein am besten. Er ist ein natürlicher Energie-Drink, der Vitamin B1 enthält (für den Kohlenhydrat-Stoffwechsel), sowie Vitamin B2 (für Augen und Haut wichtig) und natürlich die lebenden, biochemisch aktiven Hefezellen. Diese sind blutreinigend und verdauungsfördernd, lassen den Federweißen besser wirken als Traubensaft. Er passt hervorragend zu Zwiebelkuchen, Pfälzer Saumagen oder Maronen (Esskastanien). Ein Genuss, der nur bis November zu bekommen ist.

KS

„Wird ein gesunder, fehlerfreier Wein mehrere Jahre im Fass gelagert und in dieser Zeit häufiger abgestochen, so verschwindet mit der Frische allmählich auch das Traubenbukett und es tritt an seine Stelle das Altersbukett oder Firn". So lautet der Text eines Weinlexikons meines Großvaters aus den 50er Jahren. Damals wurden Weine, die Firn oder auch Edelfirn besaßen, hochgelobt und galten als „schick". Hierbei handelte es sich um goldgelbe Weine, die auch in vielen Liedern besungen wurden.

Heutzutage hat sich der Geschmack von Weinfreunden größtenteils verändert. Man möchte gerade bei Weißweinen ihre jugendliche Frische und Frucht genießen. Hellfarbig und spritzig sollen die Weine sein. Ein Firngeschmack wird oft im negativen Sinne als überlagert, frühzeitig gealtert und fehlerhaft bezeichnet. Firn wird mit dem Abbau des Weines gleichgestellt und mit den Worten formuliert: „Der Wein hat seinen Höhepunkt erreicht, die Säure neutralisiert sich und die Farbe wird goldgelb (Oxida-

Firngeschmack
(der)

tion)". Die einzige Ausnahme ist hier den edelsüßen Weinen vorbehalten: die leicht bittersüße Würze, Honig-, Harz- oder Öltöne, wird sehr geschätzt. Um der Firnentwicklung entgegen zu wirken, empfiehlt sich eine kühle und dunkle Lagerung. Weine mit hoher Säure, hohem Alkohol- oder Zuckergehalt sind viel länger haltbar. Wenn eine trockene Riesling Spätlese ins vierte, fünfte Jahr gekommen ist, wenn sich ein erster Alterston (Firn) zeigt, kann dieser Wein, serviert zu einer Forelle, den Menschen wohl in den lukullischen Himmel entführen.

KS

Flasche
(die)

Auf althochdeutsch heißt Flasche „flaska", was so viel bedeutet wie „umflochtenes Gefäß". Die früher aus Holz, Ton, Zinn oder Blech hergestellten Flaschen waren zum besseren Schutz und Transport von einem Geflecht umgeben. Die Glasflasche wurde bereits um 200 vor Christus erfunden, jedoch fand sie erst seit der Erfindung des Verschlusses aus Korkenrinde systematisch und mehrfach eine Verwendung für Wein.

Hinsichtlich der Flaschenformen gab es noch bis vor wenigen Jahrzehnten kaum Varianten. Meistens konnte man anhand der Flasche das jeweilige Anbaugebiet des sich darin befindenden Weines identifizieren. Weine vom Rhein oder der Mosel wurden in die schlanke und elegante Schlegelflasche gefüllt. Natürlich war das vor allem bei Riesling der Fall. Viele traditionelle Weingüter oder auch innovative Betriebe benutzen für ihre Rotweine wie auch die Burgundersorten ausschließlich die Schlegelflasche. „Back to the Roots" könnte man sagen. Denn als Variante zu dieser Flaschenform gibt es mittlerweile nicht nur die Burgunderflasche oder Bordeauxflasche.

Seit mehr als einem Jahrzehnt sind die Flaschenformen deutlich variationsreicher geworden. Viele Weine werden in sogenannte Designerflaschen abgefüllt. Wirklich verbraucherfreundlich ist diese Alternative jedoch nicht. Die Wiedererkennbarkeit der Produkte bleibt damit auf der Strecke. Wo man früher auf den ersten Blick sagen konnte: „Das ist ein Pfälzer Riesling", muss man mittlerweile schon sehr genau hinsehen, um den Weintyp, ja sogar die Weinfarbe heraus zu finden. Bei weitem nicht so vielfältig wie die Flaschenformen, sondern vielmehr streng genormt,

sind die kommerziell genutzten und zugelassenen Flaschengrößen. Die europäische Normalflasche hat ein Nennvolumen von 0,75 Liter, die halbe Flasche fasst 0,375 Liter. Wirklich Freude kommt jedoch erst bei der Magnumflasche mit einem Nennvolumen von 1,5 Liter auf! Denn wer bei der Normalflasche das Gefühl bekommt, sie hätte ein Loch, sollte besser nach einer Magnum greifen.

SW

Die Flaschengärung war etwa bis ins Jahr 1890 das einzige Verfahren der Schaumweinbereitung. Heute gibt es das in Frankreich als „méthode champenoise" bezeichnete Herstellungsverfahren. Dies bedeutet: die Gärung, die Reifung, das Rütteln, die Enthefung (das sogenannte „Degorgieren"), die Dosierung (Zusatz des Expeditions- oder Tiragelikörs) erfolgen ausschließlich auf der Flasche. Diese Bezeichnung ist nur den Schaumweinen aus der Champagne vorbehalten. Bei uns ist dieses klassische Verfahren als „Traditionelle Flaschengärung" bekannt.

Neben dieser traditionellen Versektung, ist das in Deutschland entwickelte Transvasierverfahren (Filtrationsenthefung) erlaubt.

Flaschengärung *(die)*

Hier wird zunächst der Grundwein in der Flasche vergoren. Das langwierige Rütteln und das Degorgieren entfällt, das Enthefen erfolgt durch Filtration. Der flaschenvergorene Schaumwein wird unter Gegendruck in einen Tank entleert, dort gekühlt, die Versanddosage zugesetzt und mit dem Wein verrührt. Anschließend wird mit der Gegendruckfiltration entheft und auf Flaschen gefüllt. In der Etikettierung kann auf die „Flaschengärung" hingewiesen werden. Auf dem Etikett ist aber nur dann die Angabe eines Gärverfahrens erlaubt, wenn es sich um Qualitätsschaumweine (Sekt, Sekt b.A.) handelt.

Bei beiden Herstellungsarten, der „Traditionellen Flaschengärung" und der „Flaschengärung" beträgt die Lagerzeit auf der Hefe von Beginn der Gärung an mindestens neun Monate. Beide Verfahrenstechniken ermöglichen bei gleichwertigen Weinen hinsichtlich Bukett, Geschmack, Perlfähigkeit und Haltbarkeit eine Qualität auf hohem Niveau.

JB

Flying Winemaker
(der)

In den 1980er Jahren hörte man das erste Mal von ihm: dem Flying Winemaker. Direkt ins Deutsche übersetzt, hört es sich etwas nach Hokuspokus an: „Fliegender Weinmacher". Dabei wird der Wein dieser Leute weder in der Luft ausgebaut, noch fliegend vermarktet oder transportiert. Vielmehr ist es die Bezeichnung für Önologen, die für mehrere Weingüter oder Kellereien arbeiten und deshalb häufig zwischen den Betriebsstätten unterwegs sind, hin und her „fliegen".

Kreiert und ins Leben gerufen wurde dieser Begriff von einem englischen Weinhändler. Er engagierte australische Keller-Techniker für französische Genossenschaften, um bei der Weinlese und bei der Weinbereitung mitzuhelfen. Denn während der Lesezeit im nördlichen Europa sind die Fachleute der südlichen Halbkugel wenig beschäftigt. Die „Fliegenden Weinmacher", die zumeist aus Australien stammten oder dort ausgebildet wurden, sind zu einem internationalen Begriff geworden. Heute begeistern sich immer mehr junge und unabhängige Önologen aus der ganzen Welt für den reizvollen Beruf des „Fliegenden Weinmachers".

Diese internationalen Einflüsse haben sich wesentlich auf die Weinbereitungstechniken und Weinstile in vielen Weinbauregionen der Welt ausgewirkt. Interessant ist auch die Namensgebung, die auf den in Australien bekannten „Flying Doctors" basiert. Dabei handelt es sich um eine Organisation, mit deren Hilfe die medizinische Versorgung der ländlichen Bevölkerung des Kontinents sichergestellt wird. Diese Anlehnung ist naheliegend: Wein ist die Medizin schlechthin! Ob man zum Ausbau jedoch einen Australier braucht?

SW

Franken

Das Weinanbaugebiet Franken erstreckt sich von Aschaffenburg am Untermain im Westen, bis hin zum Steigerwald im Osten. Geleitet vom Flusslauf des Mains sind die etwa 6.000 Hektar Weinberge an den südwärts gerichteten Talhängen angelegt.

Bereits im vierten Jahrhundert wurden Rebkulturen in Franken angebaut. Im Mittelalter erreichte die Rebfläche der Region eine Ausdehnung von fast 100.000 Hektar. Franken war damals das größte Anbaugebiet Deutschlands. Heute dominieren die Weißweinrebsorten mit Müller-Thurgau und Silvaner das Sortiment der fränkischen Erzeugnisse. Wer aber denkt, auf Keuper, den Buntsandsteinverwitterungs-, Muschelkalk- oder Lehmböden dieser Landschaft könnten weniger gut Rotweine gedeihen, der irrt. Samtig weiche und elegante Spätburgunder findet man in den Terrassenlagen des Untermains, im Landkreis Miltenberg.

Das Marken- und Erkennungszeichen ist der Bocksbeutel. Die flachbauchige Kugelflasche steht für den Frankenwein schlechthin! Dem Weingesetz nach darf diese Flaschenform nur noch im Badischen Taubertal, in den Gemeinden Neuweier, Steinbach, Umweg und Varnhalt in Verkehr gebracht werden.

Sehr bekannt und geschichtlich lang zurückverfolgen lassen sich die Spitäler im Zentrum der Region, der Barockstadt Würzburg. Das Bürgerspital und das Juliusspital (zweitgrößtes Weingut in Deutschland) verfolgten im 16. Jahrhundert einen völlig neuen Zweck für Anbau und Ausbau von Wein. Mit dem Erlös der Weinerzeugnisse wurden Alten-, Pflege- und Krankenheime gebaut, Medikamente sowie Verpflegung gekauft. Denn damals wie heute wusste man: Wein ist die beste Medizin. So bekamen die Beherbergten in den Spitälern eine tägliche und gut bemessene Ration Wein zur Linderung ihrer Schmerzen und Krankheiten.

Wer nimmt diese Tatsache nicht gerne als Grund und Anlass, zu einem guten Glas Wein zu greifen!

SW

Französisches Paradoxon *(das)*

Die Weinkultur in den USA erlebte im 20. Jahrhundert eine wechselhafte Geschichte. Von 1919/20 bis 1933 herrschte die Prohibition, also das absolute Alkoholverbot und das Verbot, Weine herzustellen sowie in Verkehr zu bringen. Eine tragische Geschichte.

Nachdem dann jedoch die Weinbranche in den 1960er- und 1970er-Jahren wieder an Fahrt gewonnen hatte, drohte in den 1990 Jahren ein neues, dem Wein schadendes Übel: Auf dem Höhepunkt der Fitnesswelle wurde versucht, mit gesundheitlichen Argumenten den zaghaft steigenden Weinkonsum wieder einzudämmen. Am 5. November 1995 wurde im Rahmen der CBS-Fernsehreihe „Sixty Minutes" ein Bericht über die Essgewohnheiten der Franzosen ausgestrahlt. Dieser zeigte, dass in der Grand Nation Frankreich wesentlich mehr und schwerer gegessen wird, gleichzeitig aber erheblich weniger Menschen an Koronarerkrankungen sterben als in den USA. Des Rätsels Lösung: Franzosen trinken mehr Wein, insbesondere Rotwein.

Seither wurden in den USA und darüber hinaus mehr als 100 wissenschaftliche Studien veröffentlicht, deren Resultate die These der Fernsehreihe stützen. Vom möglichen Weinverbot sprach in den USA bald niemand mehr. Stattdessen wurde Wein zum Lifestylegetränk Nummer eins. Das Französische Paradoxon ist nur ein Beispiel für den nachweislichen Zusammenhang von Wein und Gesundheit. Hätte man die Serie „Sixty Minutes" über die Pfälzer Ess- und Trinkgewohnheiten gedreht, wäre das Resultat wahrscheinlich nicht anders ausgefallen. Na dann: Zum Wohl!

SW

Fruktose *(die)*

Die drei gebräuchlichsten Zuckerarten, die in unseren Nahrungsmitteln vorkommen, sind Saccharose (unser Haushaltszucker), Glukose (Traubenzucker, in Joghurts oder Marmeladen oft als „Glukosesirup" enthalten) und Fruktose (Fruchtzucker).

Die Empfindung „süß" wird von den Geschmacksknospen auf unserer Zungenspitze wahrgenommen, wobei nicht alle Zucker gleich starke Reize verursachen. Die Empfindung des Geschmacks ist, je nach Zuckerart, unterschiedlich. Wenn man Haushaltszucker den Wert 1 zuordnen würde, dann hätte Glukose einen Wert von 0,5, Fruktose einen von 1,2.

Im Traubenmost befinden sich Glukose und Fruktose etwa zu gleichen Teilen. Die Hefe vergärt die im Most vorhandenen Zucker zu Alkohol und Kohlensäure, aus süßem Most wird dabei alkoholischer Wein. Die im Most befindliche Glukose wird von den Hefezellen bevorzugt, und damit schneller vergoren als die Fruktose. Unterhalb eines Restzuckergehaltes von etwa 20 g/l befindet sich im fast vergorenen Wein also nahezu reine Fruktose als Zuckerrest.

Hier setzt die moderne Kellerwirtschaft an. Die Gärung wird heute meist durch Kühlung bei dem gewünschten Restzuckergehalt zum Stillstand gebracht. Zumindest bei trockenen und halbtrockenen Weinen besteht dieser Restzucker dann ausschließlich aus Fruktose, die, da wesentlich süßer schmeckend als die Glukose, mit einem analytisch geringem Zuckergehalt schon die angestrebte Harmonie erreicht. Für manchen Weingenießer hat diese Art restsüße Weine zu erzeugen einen weiteren Vorteil: Fruktose ist für Diabetiker völlig unbedenklich.

SW

Garagenwein

Gärgase

Gerbstoffe

Goldriesling

Grauburgunder

Große Gewächse

Grüne Lese

A B C D E F G H I J K L M N O P Q R S T U V W X Y Z

G

Garagenwein
(der)

Über die Frage, woher dieser Begriff stammt und wer ihn letztlich geprägt hat, lässt sich streiten. „Aus Amerika!", behaupten natürlich die Amerikaner. Oder war es doch ein Franzose, der diesen Mythos in Leben gerufen hat? Der Streit umfasst auch die merkwürdige Namensgebung. Von den „garage shops", also jenen kleinen, hochkreativen Werkstätten, aus denen in den 70er und 80er Jahren unter anderem die Software-Giganten Microsoft und Intel hervorgegangen sind, leiten die Kalifornier den Namen ab. In Frankreich hingegen ist vom „vin de garage" die Rede. Dies wird durch die Tatsache begründet, dass die Jahresproduktion der „micro-château", wie die kleinen Weingüter auch heißen, in eine Garage passen würde.

Das erste Mal hörte man von einem Garagenwein in den 1990er Jahren. Damals galt es als superschick, ein Weingut zu besitzen. Leute wie Makler, Rechtsanwälte, Filmregisseure oder auch Kardiologen kauften sich ein Stück Land und bauten Wein an. Meistens handelte es sich dabei um etwa zwei Hektar, denn diese konnten noch leicht von einer Person bewirtschaftet werden. Die daraus entstandenen Weine dienten zunächst eher als Vorzeigeobjekt in privaten Kreisen. Die Qualität der Erzeugnisse war wegen ihrer geringen Erträge jedoch beachtlich. Angespornt von dieser Tatsache wurden die „Hobbywinzer" immer ehrgeiziger. Nach wenigen Jahren schon erzielten sie bei Verkostungen Preise. Weil es jedoch nur wenige Flaschen von solchen Garagenweinen gibt, schoss ihr Wert in die Höhe. Meistens sind sie auf Auktionen zu finden. Dann kann der glückliche Käufer oftmals mehrere Tausend Euro für eine Flasche ausgeben.

Bei dem Inhalt handelt es sich überwiegend um Rotwein aus den Sorten Cabernet Sauvignon oder Merlot. Bewundernswert und rätselhaft ist jedoch: Wie können Garagenweine in so kurzer Zeit zu solchen Kultobjekten werden, wo die klassischen Spitzengewächse ein halbes Jahrhundert und länger dazu gebraucht haben? Vielleicht könnte schon ein kleiner Probeschluck Aufschluss geben.

SW

Gärgase
(die)

Im Herbst geht es für den Winzer rund. Das Ergebnis der Arbeit eines Jahres wird vom Weinberg in den Keller geholt, um dort zu Wein zu vergären. So faszinierend der Vorgang der Gärung ist, so gefährlich kann auch eines seiner Produkte sein und damit ist nicht der entstehende Alkohol gemeint.

Die Gärung ist ein durch Enzyme gesteuerter Prozess. Die Hefe baut das Kohlenhydrat Zucker zu Alkohol und Kohlendioxid um. In der Luft, die wir einatmen, sind unter anderem etwa 78 Prozent Stickstoff, 20 Prozent Sauerstoff und zirka 0,03 Prozent Kohlendioxid enthalten. In einem Keller mit mehreren tausend Litern blubbernden Mostes verschiebt sich der Anteil natürlich. Eine viel höhere Konzentration an Kohlendioxid ist die Folge. Dieses Gas ist weder zu sehen noch zu riechen und gerade deshalb für den im Keller arbeitenden Winzer so heimtückisch. Bereits bei einem Anteil von vier Prozent in der Atemluft erhöht sich die Atemfrequenz, man wird benommen und das Herz beginnt zu rasen. Neun Prozent führen innerhalb von fünf bis zehn Minuten zum Erstickungstod. Kohlendioxid ist ein sehr schweres Gas, sodass es am Boden zu unsichtbaren Wolkenbildungen kommt, in denen es keinen Sauerstoff mehr gibt.

Oftmals hört man davon, dass Winzer mit einer Kerze bewaffnet in den Keller gehen, damit diese beim Erlöschen dann als Warnsignal fungiert. Sich nur auf eine Kerze zu verlassen, ist nicht ratsam. Denn sie erlischt erst bei einem Kohlendioxid-Anteil von 14 Prozent. Doch so unheimlich sich das auch anhört: Es gibt kein schöneres Fleckchen als ein in Herbstatmosphäre getauchter Keller, in dem es nach frischem Most riecht und ständig ein aufgeregtes „Blubb" zu hören ist.

SW

Gerbstoffe
(die)
Tannine

Tannine kommen häufig in Pflanzen wie Tee und Meeresalgen oder in Weintrauben vor. Gerbstoffe gehören zu den natürlich vorkommenden Polyphenolen (bioaktive Substanzen, sogenannte aromatische Verbindungen) und können eine entzündungshemmende, krebsvorbeugende und heilende Wirkung entfalten.

Diese Gerbstoffe sind bei Wein, vor allem bei Rotwein, als Tannine bekannt. Enthalten sind sie in den Schalen, Kernen und Stielen von Weintrauben. Bei Weißweinen ist der Tanningehalt relativ gering, was auch so gewünscht ist, um die Fruchtigkeit und den Sortencharakter dieser Weine zu fördern. Der Gehalt an Tanninen bei Rotweinen, in Abhängigkeit von der Rebsorte, der Art und Dauer der Maischegärung, ist um ein Vielfaches höher. Der Gehalt an Tanninen und ihre Struktur sind ein ausschlaggebender Faktor für die Qualität und Haltbarkeit eines Rotweines.

Durch spezielle Ausbaustile, etwa die Lagerung im kleinen Eichenholzfass (Barrique), kann der Tanningehalt der Rotweine erhöht werden. Tannine verändern sich während der Fass- und Flaschenreife. Während junge gerbstoffreiche Rotweine im Mundinnenraum ein Geschmacksempfinden auslösen, als wäre dieser trocken und „alles" im Mund würde sich zusammenziehen, polymerisieren die Tannine während der Reife, sodass der Rotwein als weicher und auch als geschmacklich milder empfunden wird. Mancher Weinfachmann spricht dann von der „perfekten Trink-reife" eines Weines.

Je mehr Gerbstoff ein Rotwein enthält, desto „wärmer" (etwa 16° bis 18° Grad C) sollten Sie ihn genießen. Hier noch ein Tipp für die Käseliebhaber: „Je härter ein Käse ist, desto mehr Gerbstoff kann der dazu passende Wein aufweisen".

KS

Goldriesling, Riesling, Schwarzriesling *(der)*

Haben diese Rebsorten wirklich alle etwas gemeinsam? Zwischen Schwarzriesling und Riesling gibt es nur eine Ähnlichkeit: die Traubenform und der Wuchs. Ansonsten ist der Schwarzriesling eine rote Rebsorte aus der Burgunder-Familie. In Frankreich wird er auch Pinot Meunier genannt (deutsch: Müllerrebe, wegen der weißen Behaarung der Triebspitzen und der Blattunterseite, die an Mehlstaub erinnert). Während er dort zur Champagner-Bereitung dient, ist der Schwarzriesling in Deutschland eher als süffiger Dämmerschoppen bekannt.

Der Goldriesling dagegen ist eine Kreuzung aus Riesling und Courtellier musqué précoce aus dem Jahre 1880. Diese Rebsorte findet man deutschlandweit nur in Sachsen. Mit insgesamt 12 Hektar Anbaufläche ist sie eine absolute Rarität. Der Goldriesling hat eine hellgelbe Farbe und ist feinwürzig mit einer leichten Muskatnote im Bukett. Er sollte jung getrunken werden und ist als leichter Tischwein beliebt.

Die bekannteste der drei Rebsorten ist natürlich der Riesling, der nach neuesten genetischen Forschungen aus einer Verbindung zwischen einer Heunisch-Kreuzung und einem Traminersämling entstammt. Mit seinem internationalen Weltruf und als Inbegriff für deutsche Weißweine ist er unverwechselbar in seiner Frucht- und Säureharmonie. Der Riesling stellt hohe Anforderungen an Boden, Klima und die Winzerarbeit. In seinem Bukett erkennt man immer wieder zarte Anklänge von Pfirsich, Apfel und Zitrusfrucht, die so manchen Feinschmecker begeistern.

Also aufgepasst: Alle drei Rebsorten sind vollkommen eigenständig, individuell und wollen nicht miteinander verglichen oder gar verwechselt werden. Am besten probiert man sie selbst und macht sich sein eigenes Bild.

KS

Grauburgunder (Ruländer)
(der)

Der Grauburgunder ist eine Weißweinrebe, deren Ursprung in Burgund zu suchen ist. Obwohl die Haut der Beeren rötlich bis rot gefärbt ist, wird sie den weißen Sorten zugeordnet. Der aktuelle amtliche Name der Rebsorte ist laut Bundessortenamt „Ruländer". Zugelassene Synonyme für Deutschland sind „Grauer Burgunder, Grauburgunder, Pinot gris und Pinot grigio". Im Jahr 1711 hat der Kaufmann Johann Seeger Ruland aus Speyer die Rebe mit der eigenartigen Beerenfarbe in einem verwilderten Garten entdeckt und viel zu ihrer Verbreitung beigetragen.

Wahrscheinlich ist der Ruländer durch eine Knospenmutation aus dem blauen Burgunder entstanden, worauf seine Zweitbezeichnung „Grauer Burgunder" hinweist. Mit dem „Weißen Burgunder" und dem „Blauen Burgunder" bildet er eine Familie, denn alle drei Sorten sind im Sommer kaum voneinander zu unterscheiden und identifizieren sich erst bei der Traubenreife durch die Farbe der Beeren.

Der Ruländer zählt zu den besten Sorten und wird in Deutschland vor allem in der Pfalz, Rheinhessen und Baden angebaut. Die Rebe stellt hohe Ansprüche an die Lage und liebt tiefgründige Böden. Die Reife des Ruländers fällt in etwa mit dem Silvaner zusammen und kann als mittelspät bezeichnet werden. Welcher Weinstil in die Flasche kommt wird bei dieser Rebsorte stark vom Klima, der Lage und besonders vom Lesezeitpunkt beeinflusst. Die Lese sollte erst dann erfolgen, wenn das Mostgewicht etwas niveauvollere Oechslegrade erreicht hat. Je früher die Ernte, umso spritziger, aber auch umso neutraler schmeckt schließlich der Wein, weil sich sein Aroma, das an Melone, Birne, Ananas, Holunderblüte oder Honig erinnert, sich noch nicht frei entfaltet hat. Lässt man die Traube länger reifen, gewinnen ihre Weine an Ausdruckskraft hinsichtlich Aroma und Körper.

Die aus dem Ruländer gekelterten Weine haben einen eher mittleren Säuregehalt und besitzen meistens eine kräftige gelbe bis goldgelbe Farbe. Sie sind dann besonders ansprechend, wenn sie einen kräftigen, herzhaften Extrakt mit einem hohen Alkoholgehalt aufweisen. Im Sortiment der deutschen Weine gehört der Ruländer zu den Spitzengewächsen, insbesondere bei den Prädikatsstufen Spätlesen und Auslesen. Insgesamt gesehen hat der Ruländer einen hohen Anbauwert.

Die trocken oder leicht restsüß ausgebauten aromareichen Weine sind vielseitige Essensbegleiter, die beispielsweise zum Braten und zu Fischgerichten gleichermaßen gut passen. Die gehaltvollen, edelsüßen Varianten kann man als Aperitif oder Dessertwein genießen.

JB

Große Gewächse
(die)

Der Verband deutscher Prädikatsweingüter (VDP) hat im Jahr 2002 eine neue Klassifikation festgelegt. Er hat es sich zur besonderen Aufgabe gemacht, Spitzenweine und die Kulturlandschaft zu profilieren, große Weine aus deutschen Spitzenlagen entsprechend zu kennzeichnen. Die Weine stammen aus klassifizierten, eng eingegrenzten Lagen, in denen optimale Wachstumsbedingungen herrschen und in denen nachweislich über lange Zeit Weine mit nachhaltig hoher Reife erzeugt wurden.

Die Erzeugungskriterien für Große Gewächse teilen sich in verschiedene Bereiche auf. Die zugelassenen Rebsorten für die Pfalz sind Riesling, Weiß- und Spätburgunder. Der Ertrag ist auf eine Erntemenge von 50 Hektoliter pro Hektar begrenzt. Es wird grundsätzlich nur durch selektive Handlese geerntet und das Lesegut muss mindestens Spätlesequalität haben. Die Kontrollen sind sehr streng, denn seine herausragende Qualität muss der Wein erst unter Beweis stellen. Somit ist dem VDP-Weingut nicht jedes Jahr ein Großes Gewächs sicher. Große Gewächse sind trockene Weine und werden immer in Sonderflaschen gefüllt. Es ist geregelt, dass erst ab dem 1. September des darauf folgenden Jahres die Großen Gewächse präsentiert werden dürfen. Laut VDP sind Große Gewächse Unikate von einem ganz bestimmten und herausragenden Terroir. Sie sind das Beste, was ein Weinberg, ein Weingut, ein Weinjahr hervorbringen kann und erfordern eine ganz besondere Sorgfalt, Leidenschaft und Selektion.

KS

Grüne Lese
(die)

Die Grüne Lese steht im Fachjargon für das Ausdünnen oder Auslichten der unreifen Trauben. Die noch grünen Trauben werden im Juli/August vor der Traubenverfärbung (Vèraison) abgeschnitten. Dadurch konzentriert sich der Rebstock stärker auf die verbleibenden Trauben und versorgt diese mit mehr Energie und Extraktstoffen. Der Winzer fördert gezielt die geschmackliche Konzentration in der Traube, was zu einer Qualitätssteigerung des Weines führt. Entfernen die Winzer etwa ein Drittel oder die Hälfte der Trauben, dann können bis zu 10° Grad Oechsle mehr im Most erreicht werden. Damit würde man den Sprung zum Qualitätswein mit Prädikat (Kabinett und mehr) schaffen.

Die Grüne Lese ist von der Rebsorte und vom Jahrgang abhängig. Bei roten Sorten etwa ist das Ausdünnen teilweise sehr bedeutsam, denn ein niedrigerer Ertrag bringt tendenziell auch mehr Farbe.

Eine Alternative zur grünen Lese ist die Traubenteilung. Bei diesem Verfahren werden die noch grünen Trauben halbiert. Die Traubenbeeren haben dadurch mehr Platz zum Reifen und es kommt nicht so schnell zur Fäulnis. Der Arbeitsaufwand ist hier ebenfalls sehr groß. Eine Winzerfamilie muss mit 60 bis 80 Stunden pro Hektar für den Arbeitsaufwand rechnen. Da bleibt wenig Freizeit in den heißen Sommertagen. Gleich, welche Methode in der Praxis auch angewendet wird, sie geht immer zu Lasten des Ertrages. Ziel des Winzers ist es, reifes und gesundes Lesegut zu ernten, damit ein ausgezeichneter Wein entstehen kann.

KS

H

Haltbarkeit

Hausrebe

Herkunft

Hessische Bergstraße

Haltbarkeit des Weins
(die)

Grundsätzlich kann man sagen, dass Weine nicht schlecht werden können, höchstens ungenießbar. Es ist sehr schwierig, die optimale Trinkreife und Haltbarkeit eines Weines festzulegen. Er ist eine lebende Materie mit bemerkenswerter Lebensdauer, die allerdings von der Temperatur und Lagerung abhängt. Die Weinflaschen mögen es dunkel und konstant kühl. Die Haltbarkeit eines Weines ist außerdem abhängig vom Säure- und Zuckergehalt, dem Alkohol, der Korkenqualität und dem Jahrgang.

Es heißt: „Je mehr Säure ein Wein enthält, desto länger ist er haltbar." Aber auch ein hoher Zuckergehalt wie beispielsweise bei Auslesen und Eisweinen verhindert ein schnelles Altern, so dass der Wein noch nach Jahrzehnten getrunken werden kann. Das kann richtig spannend und interessant sein.

Eine Lebenserwartungs-Tabelle von guten Tropfen besagt: Weißweine für den Alltag wie QbAs (Qualitätsweine bestimmter Anbaugebiete) halten etwa drei Jahre, Kabinett und Spätlese bis etwa fünf Jahre oder länger. Einen Rosé sollte man am besten jung trinken. Für leichte Rotweine gilt eine Lagerzeit von etwa drei Jahren, kräftige und tanninreiche Rotweine können oft länger als zehn Jahre gelagert werden. Sollte eine Weinflasche einen sinkenden Flüssigkeitspegel aufweisen, findet ein Gasaustausch statt und der Wein baut ab. Daher die Flasche schnell öffnen und geniessen oder den Wein zur Bratensoße ergänzen!

Für die heutige Zeit gilt der Trend, dass die allermeisten Weine so bereitet werden, dass sie bald trinkreif sind. Jugendlich-frische und fruchtige Weine sind gefragt und schließlich haben die Haushalte auch immer weniger Platz, die Weine zu lagern. Somit gilt: den Weinvorrat überprüfen, der nächste Jahrgang kommt bald.

KS

Hausrebe
(die)

Wer kennt sie nicht, die Hausrebe, die überall in unseren Winzerdörfern zu finden ist. Ihren Ursprung hat sie unter anderem den alten Baumeistern zu verdanken. Der Rebstock an der Hauswand verhindert das Feuchtwerden der Fundamente. Das weitverzweigte Wurzelsystem sorgte, und sorgt noch heute, vor allem bei alten Fachwerkhäusern mit Stein-Lehmwänden für die notwendige Trockenheit, damit sich kein Salpeter festsetzt. Früher hatte man sogar die Reben direkt in den Kellerboden gepflanzt und

aus dem Kellerfenster nach oben gezogen, um der Kellerfeuchte vorzubeugen. Das Rebenlaub spendet in den Sommermonaten zudem Schatten und Kühle und hat damit einen willkommenen und zudem biologischen Effekt.

Die Hausrebe gehört zu den anspruchslosen Pflanzen. Sie wächst im geschützten Eck eines gepflasterten Hofes oder im vielbewachsenen Garten, benötigt wenig Wasser und Nährstoffe. Sie muss nur ab und zu geschnitten und angebunden werden. In den letzten Jahren haben sich besonders die pilzresistenten Tafeltraubensorten Muskat bleu und Palatina Rebe durchgesetzt, da bei diesen Sorten das Spritzen mit Pflanzenschutzmitteln an der Hauswand entfällt. Wer jedoch nur die Rebenblätter liebt und keine Trauben möchte, für denjenigen gibt es die Zierrebe.

Die älteste Hausrebe der Pfalz, eine Gänsfüßer Rebe, ist 1929 in Oberlustadt erfroren. Ihr Stamm maß stolze 60 bis 120 Zentimeter im Durchmesser. Noch heute ist der Stamm der 400-jährigen Pflanze im historischen Museum in Speyer zu bewundern.

Eine der interessantesten Gewächse ist in Hassloch zu finden. Dort trieb eine inzwischen 50 Zentimeter lange, baumstammdicke Rebe aus dem Gemäuer heraus.

Der Volksmund sagt: „Wenn eine Hausrebe um das komplette Haus herum gezogen wird und die Trauben geerntet werden, kann man etwa 400 Liter Wein bekommen".

KS

Herkunft
(die)

Die Herkunft bezeichnet den geografischen Ursprung eines Weines beziehungsweise der Trauben, aus denen er gekeltert wurde. Mit dem Deutschen Weingesetz von 1971 wurden die bestimmten Anbaugebiete für Qualitätsweine eingerichtet. Die Herkunft ist ein wesentliches Element im Bezeichnungsrecht des europäischen und teilweise auch des außereuropäischen Weinbaus. Man unterscheidet zwischen Herkunftsbezeichnungen für Qualitätsweine, Landweine und Tafelweine.

Ursprünglich bestanden Herkunftsbezeichnungen nur aus der geografischen Angabe des Gebietes, aus denen die Trauben stammen mussten. Heute beinhalten sie nicht nur die genaue Definition des Weinstils, der für das jeweilige Anbaugebiet typisch ist, sondern auch mehr oder weniger detaillierte Produktionsvorschriften, die die Arbeit im Weinberg oder Keller betreffen. Zahlreiche europäische Herkunftsbezeichnungen enthalten auch analytische Mindestanforderungen an die Weine, zum Beispiel hinsichtlich des Alkoholgehalts oder des Restzuckers.

Als kleinste Herkunftseinheit könnte man das Terroir bezeichnen. Gerade der Riesling ist sehr empfänglich dafür und spiegelt die Bodenbeschaffenheit in besonderem Maße wider. Die Herkunft ist das Markenzeichen schlechthin! Nur wenige wissen, dass Prosecco keine Weinart ist, sondern der Name einer uralten Rebsorte, die einer Herkunftsbezeichnung für norditalienischen Perl- und Schaumwein ihren Namen gab. Herkunft ist und bleibt der Ausdruck tiefer Verwurzelung mit dem Ursprung. Welcher Pfälzer spricht nicht mit vollem Stolz aus, woher er kommt? Und spätestens, wenn es dann wieder heißt: „Zum Wohl. Die Pfalz." schmeckt der Wein doch erst so richtig gut!

SW

Hessische Bergstraße
(die)

Die Vielfalt der Weinregionen Deutschlands ist geprägt von jedem einzelnen Anbaugebiet des Landes. Vielleicht liegt es auch gerade an dieser Vielfalt, dass sich die größten und bekanntesten Weinautoren auf der ganzen Welt schwer tun, sie in ihrer Vollkommenheit zu erfassen. So ist die Hessische Bergstraße oftmals eines der Opfer, ja eine unerwähnte Perle unserer Landschaft. Der Reiz ihrer essentiellen Aura kann diese Tatsache jedoch nicht schmälern, wird er doch dadurch nur verstärkt!

Mit einer Rebfläche von 450 Hektar gehört die Hessische Bergstraße unweigerlich zu den „Kleinen". Seit 1971 ist es ein eigenständiges Anbaugebiet, zuvor gehörte es der Badischen Bergstraße an. Warum eigentlich Bergstraße? Die Weinregion befindet sich am Nord- und Westhang des Odenwaldes, zwischen Darmstadt im Norden und Weinheim im Süden. Ausschlaggebend für die Namensgebung war die Straßenführung am Fuße der Berge, da die Ebene, in der sich Rhein, Neckar und ihre Zuflüsse aus dem Odenwald in der Vorzeit immer wieder neue Wege gesucht hatten, ursprünglich für die Anlage einer Straße zu feucht war.

Genau diese Tatsache ist die Basis für einen aus klimatischer Sicht perfekten Weinanbau. Wenn es mancherorts noch fröstelt, setzt an der Hessischen Bergstraße schon der Frühling ein. Eine ausgedehnte, entspannte und regelrecht gediegene Vegetationsperiode lässt den Riesling hier zur Hochform auflaufen. Er stellt, was nicht allzu selten in Deutschland der Fall ist, die meist angebaute Rebsorte dar. Viele wurzelechte Reben stehen auf den steilen, terrassierten Hanglagen, die sich in eine atemberaubende Kulisse über den Ortschaften und Städten der Bergstraße einreihen.

Die vergleichsweise kleine Rebfläche wird von einer unglaublich großen Anzahl von Winzern bewirtschaftet. Daraus lässt sich nur eines schließen: An der Hessischen Bergstraße macht der Weinbau einfach Spaß!

SW

Kabinett-Wein

Kirchenfenster

Korkenzieher

Koscherer Wein

K

Kabinett-Wein
(der)

Kabinett ist eine Prädikatsbezeichnung für feine, leichte Weine aus reifen Trauben mit geringem Alkoholgehalt. Ursprünglich wurde dieser Begriff für gehobene Weine aus dem sogenannten Kabinettskeller der hessischen Staatsdomäne Kloster Eberbach im Rheingau verwendet. Die Besonderheit der Weine zeigte sich darin, dass sie in einem gesonderten Raum, dem sogenannten „Cabinet", aufbewahrt wurden. Seit dem Jahr 1971 löste dann der Begriff „Kabinett" die Bezeichnung „Cabinet" für selbstständige Naturweine ab.

Ein Kabinettwein muss eine amtliche Prüfnummer tragen und bestimmte gesetzliche Anforderungen erfüllen. Kabinett-Weine benötigen bei der Lese bestimmte Mindestmostgewichte, die rebsortenbezogen durch die Länderverordnung festgelegt wurden. Allgemein gelten für Prädikatsweine höchste Anforderungen bei der Qualitätsweinprüfung hinsichtlich Sorte, Reife, Harmonie und Eleganz. Ein Kabinett-Wein muss mindestens 1,5 Punkte auf der 5-Punkte-Skala erreichen.

Vom Kabinett-Wein wird erwartet, dass man die höhere Qualität deutlich schmeckt. Er schmeckt elegant, ist leicht und hat noch nicht die vollmundige Süße einer Spätlese. Man findet oft die trockenen Weine in dieser Klasse vertreten. Da der Kabinett-Wein nicht aufgebessert oder angereichert werden darf, weniger Alkohol und Wucht aufweist, ist er ein idealer Begleiter zu allen Speisen. Es macht Freude, ihn zu genießen.

JB

Kirchenfenster
(die)

Kirchenfenster ist eine Bezeichnung für den Flüssigkeits-Film (Wein) an der Innenseite eines Weinglases, der sich beim kreisförmigen Schwenken des Weines im Glas bildet.

Durch das Schwenken beginnt sich der Film am oberen Glasrand zu verdicken und zieht sich zu zähflüssigen, tränenähnlichen Weintropfen zusammen, die langsam an der Glaswand zum Boden abfließen. Dabei bilden sich am Innenrand kräftige, helle, fast klare Schlieren, die an alte, wunderschöne Kirchenfenster erinnern. Man nennt die Kirchenfenster im Weinglas auch Tränen oder Beinchen.

Entscheidend für das Phänomen beim Wein ist die Viskosität, die vom Alkohol-, vom Zucker- und vom Extraktgehalt des Weines beeinflusst wird. Je höher die Werte sind, umso zähflüssiger ist der Wein. Weine mit wenig Alkohol bilden auch wenig oder keine Kirchenfenster. Dabei spielt das Glyzerin, das während der Gärung als alkoholisches Nebenprodukt entsteht, eine wichtige Rolle. Als eine von mehreren Alkoholsorten zählt Glyzerin zu den wichtigsten Inhaltsstoffen im Wein. Es schmeckt süß und trägt entscheidend zum vollmundigen Geschmack beziehungsweise Körper am Gaumen bei.

Auch die ölige Dickflüssigkeit mancher Auslesen geht unter anderem auf einen hohen Glyzeringehalt zurück. Somit wirkt Glyzerin bei der Bildung der schönen „Kirchenfenster" im Weinglas mit. Daher lassen sich Kirchenfenster am ehesten bei besonders edlen, schweren und süßen Weinen wie zum Beispiel den Auslesen, insbesondere bei Beerenauslesen, entdecken. Je spitzer und schmaler die Kirchenfenster ausfallen, desto höher ist der Glyzeringehalt.

JB

Korkenzieher
(der)

Korkenzieher sind nicht nur Werkzeuge, mit denen man drückt, dreht, hebelt und am Korken zieht. Mit ihnen beginnt die eigentliche Zeremonie des Weintrinkens.

Auch die Art des Korkenziehers ist nicht unerheblich, denn mit der Vervollkommnung des Öffnens haben sich ganze Generationen von Erfindern beschäftigt. Sein Ursprung liegt wahrscheinlich im Jahr 1681 in England. Aber bereits 1883 entwickelte in Deutschland Carl F. A. Weinke das Kellnermesser: dieses handliche und einfach zu bedienende Werkzeug mit ausklappbarer Spirale ähnelt dem Taschenmesser, nur hilft ein Hebel (Metallquerstrebe) bei der Korkbeförderung.

Aber es gibt viele Wege, den Korken aus der Flasche zu befreien, sie reichen vom einfachen Korkenzieher mit Rebholzgriff bis zum aufwändigen und teuren Exemplar mit Edelfinish! Wenn man jedoch bedenkt, dass das freihändige Ziehen des Korkens etwa genauso viel Kraftaufwand bedeutet, wie 40 Kilogramm zu heben, dann ist es doch eher etwas für Muskelprotze.

Ebenfalls sollte beim Entkorken das „Plopp" vermieden werden, denn dadurch können die angenehmen Weinaromen mit entweichen. Wer aber Glocken-, Hebel oder Überdruckkorkenzieher benutzt, wird festsitzende Korken meist mühelos und langsam aus dem Flaschenhals ziehen können. Am wichtigsten ist beim Korkenzieher die „Seele". Diese erkennt man daran, dass ein Streichholz in der Metallspirale Platz hat. Perfekt sind breitere Seelen-Spiralen, die eine scharfe Spitze und zwei Schneidekanten aufweisen. Mit diesen wird der Korken am besten gefasst und ein Abbrechen und Zerbröseln vermieden.

KS

Koscherer Wein *(der)*

Alles was gemäß der „Halacha", den Religionsvorschriften für das jüdische Leben, hergestellt oder zubereitet wurde, bezeichnet man als „koscher" (von hebräisch „kaser", rituell einwandfrei).

Beim koscheren Wein wird die gesamte Bereitung von der Weinlese bis zur Abfüllung, die sehr strengen Vorschriften unterliegt, von einem Rabbi überwacht. Die Trauben dürfen erst vier Jahre nach der Pflanzung erstmals gekeltert werden. Zwei Monate vor der Ernte darf nicht mehr organisch gedüngt werden (etwa mit Torf oder Baumrinden). In und um die Weinberge sind keine Obstbäume oder Gemüsefelder erlaubt. Alle technischen Geräte wie Tanks, Schläuche, Pumpen sowie Erntegeräte werden unter rabbinischer Aufsicht genau gesäubert und dürfen nur von strenggläubigen Juden, die den Sabbat einhalten, benutzt werden.

Alle Wein-Behandlungsmittel und Korken müssen aus Israel stammen. Durch eine Spontangärung (mit Hefe, die sich in den Trauben befindet) wird der Most in Wein umgewandelt. Die Filtration des Weins erfolgt ausschließlich durch Papierfilter. Die Weinflaschen dürfen nur einmal gefüllt werden. Ein Prozent des Weines ist zugunsten der Armen abzugeben. Im 7. Jahr, dem Sabbatjahr, werden die Trauben nicht geerntet oder an einen „Nichtgläubigen" verkauft. Ein koscherer Wein kann aus jeder Traube und in jeder Weingegend der Welt hergestellt werden.

Im Judentum ist der Weingenuss seit jeher etwas Besonderes, wozu es Beispiele im Alten Testament gibt. Der Unterschied zum „normalen" Wein ist, dass er den jüdischen Speisevorschriften unterliegt.

KS

Lagennamen

Landesweinprämierung

Liebfrau(en)milch

Lagennamen
(die)

Lagennamen haben in unseren Weinbergen eine Bedeutung. Oft sind ihre Bezeichnungen und Namen viele Jahrhunderte alt. Doch wo liegt der Ursprung dieser Berühmtheiten? Bisweilen ist die Herkunft der Namen ganz einfach herauszufinden und man kann es auf die Bodenbeschaffenheit zurückführen: Kieselberg, Kalkberg, Steinacker, Letten, Roter Berg oder Schäwer, ein von der mundartlichen Form für Schiefer abgeleiteter Lagename.

Aber dann wundert man sich auch wieder über Namen wie Ungeheuer, Dickkopp, Gerümpel, Elster, Bubeneck oder Zechpeter. Diese Bezeichnungen gehen auf die früheren Eigentümer der Weinberge zurück und basieren oft auf Personennamen. Weniger schwierig sind die ganz eindeutigen Tier-, Klima- oder Pflanzenangaben wie Fuchsloch, Biengarten, Rosengarten, Mandelgarten oder Sonnenberg. Geschichtlich wird es vor allem bei den Begriffen Michelsberg, Heiligenberg, Weilberg oder Kreuzberg: Hier wird auf, teilweise schon nicht mehr vorhandene, Kapellen, eine römische Villa rustica oder ein Kreuz hingewiesen. Ebenso ist es mit den Lagen, die nach bestimmten Gebäuden heißen wie Schlossberg, Klostergarten oder Kapelle. Interessant sind Lagen, wenn sie – von oben betrachtet – gewisse Bilder darstellen wie beispielsweise der Kallstadter Saumagen oder das Sauschwänzel in Billigheim-Ingenheim.

Man bedenke: Es gibt 25 Großlagen und 300 Einzellagen in der Pfalz, die zusammen etwa 23.700 Hektar Rebfläche ergeben. Es könnten noch viele interessante und kuriose Namen aufgezählt werden, bei denen man so manches Mal schmunzeln muss.

KS

Landesweinprämierung
(die)

Gold, Silber und Bronze gibt es nicht nur bei den Olympischen Spielen. Auch in der Weinwirtschaft werden im Rahmen der jährlichen Landesweinprämierung Winzerbetrieben und Winzergenossenschaften für ihre besonderen Leistungen diese Auszeichnungen verliehen. Zuständig für die Prämierungen ist die Landwirtschaftskammer Rheinland-Pfalz, die zur Förderung der Erzeugung qualitativ herausragender Qualitätsweine, Prädikatsweine und Sekte jährlich einen Wettbewerb durchführt. Es ist mit Abstand der größte Wettbewerb dieser Art, zu dem von etwa 2.500 Betrieben rund 19.000 Erzeugnisse aus allen sechs rheinlandpfälzischen Anbaugebieten eingeliefert werden. Die zur Beurteilung vorgestellten Weine und Sekte werden ohne Kenntnis der näheren betrieblichen und geografischen Herkunft geprüft. Bei den Prüfern handelt es sich um sensorisch besonders geschulte und in der Weinbewertung erfahrene Sachverständige. Die Bewertung wird nach dem in der Weinverordnung vorgeschriebenen Bewertungsschema mit einer fünfstufigen Punkteskala durchgeführt. Dabei werden nur deutlich über dem Durchschnitt liegende Weine und Sekte mit Preismünzen ausgezeichnet.

Für die Kammerpreismünze in Bronze beträgt der Durchschnittswert, der mindestens erreicht werden muss 3,5 Punkte, für Silber 4,0 und für Gold 4,5 Punkte. Prämierte Erzeugnisse kann der Weingenießer an den in der Farbe der Medaillen gehaltenen Kennzeichen auf den Flaschen gut erkennen. Die besten Betriebe mit der höchsten Durchschnittspunktzahl erhalten Ehrenpreise. Die Staatsehrenpreise werden an außergewöhnliche Weinerzeuger verliehen. Den „Großen Staatsehrenpreis" erhalten nur Erzeuger, die in einem Zeitraum von zehn Jahren mit dem fünften Staatsehrenpreis ausgezeichnet worden sind.

JB

Ist sie vielleicht doch besser als ihr Ruf? Was war der Ursprung und wo steht sie heute?

Liebfrau(en)milch
(die)

In Worms gab es (es gibt sie heute noch) die Liebfrauenkirche, umgeben von einem kleinen Weinbergsareal, dem Liebfrauenstift Kirchenstück. Eine Legende sagt: „Es dürfen nur die Trauben verwendet werden, die im Schatten der Liebfrauenkirche wachsen." Doch das Anbaugebiet, aus dem die Liebfraumilch stammt, wurde geographisch immer weiter „erweitert", um große Mengen Wein auf den Markt zu bringen, die nicht unter den klassischen Sorten- und Lagebezeichnungen zu verkaufen waren. Die Preise fielen drastisch – und mit ihnen auch das Image dieses Weines.

Doch was ist Liebenfraumilch wirklich? Nach EG-Recht ist Liebfraumilch EU-weit geschützt und muss aus den Anbaugebieten Rheinhessen, Pfalz, Rheingau und/oder Nahe kommen. Die Regelung besagt, dass der deutsche Qualitätswein lieblich sein muss, mit mindestens 18 Gramm Restzucker pro Liter. Die Trauben stammen zu mindestens 70 Prozent aus Riesling, Kerner,

Silvaner und/oder Müller-Thurgau, die Rebsorten dürfen jedoch nicht auf dem Etikett genannt werden.

Auch branchenintern hat man den Wein bei Verkostungen geprüft und erklärt, dass Liebfraumilch vielmehr ein Image- als ein Qualitätsproblem hat. Man hatte Liebfraumilch als Marke speziell für den ausländischen Markt kreiert, damit man die Weinfreunde auf dem lieblichen Weg an den Wein heranführen konnte. Immerhin macht der Liebfraumilch-Anteil noch etwa 25 Prozent des aus Deutschland exportierten Weins aus, der größtenteils nach Großbritannien und in die USA geht.

Liebfraumilch wurde einst im schwedischen Königshaus getrunken und der englische Dichter Charles Dickens war davon begeistert. Liebfraumilch war in allen Kontinenten bekannt und beliebt. Aber der Geschmack kann sich ändern und die Bedeutung der Liebfraumilch nimmt ab. Doch wir haben zunehmend Erfolg mit unseren feinfruchtigen und trockenen (Riesling-)Weinen und können so die Welt mit neuen Geschmacksvarianten begeistern.

KS

Maischegärung

Mazeration

Mittelrhein

Monorackbahn

Mosel

Müller-Thurgau

Mußbacher Manifest

Maischegärung
(die)

Diese Methode ist das älteste und anspruchsvollste Verfahren, um Rotweine zu bereiten. Ziel der Maischegärung ist es, einen Wein zu produzieren, der farbstoffreich ist und eine kräftige Tanninstruktur besitzt. Das verleiht diesen Rotweinen neben der roten Farbe ihr großes Reifepotenzial.

Die Trauben werden in der Regel erst entrappt, also von den Stielen getrennt, damit keine grünen und unangenehm holzigen Noten extrahiert werden. Die verbleibenden Beeren werden gequetscht (gepresst), damit ihr Saft austreten kann. Diese Saft-Schalen-Mischung nennt man Maische. Sie beginnt in einem Behälter zu gären, wobei Alkohol und Kohlensäure entstehen. Der Alkohol greift die Zellen der Schalen an, zerstört sie und löst daraus den roten Farbstoff, der dann von der Kohlensäure ausgewaschen wird. Auch Gerbstoffe werden während der Maischegärung aus Schalen und Kernen gelöst.

Mit der Dauer des Liegens auf der Maische bestimmt man den Rotweintyp. Kurze Gärzeiten (fünf bis sieben Tage) ergeben frische und fruchtige Rotweine mit wenigen Gerbstoffen. Lange Gärzeiten von bis zu drei Wochen (manchmal noch länger) ergeben gerbstoffbetonte und farbkräftige Rotweine.

Grundsätzlich können nur gesunde Trauben mit der Maischegärung zu perfekten Rotweinen vergoren werden. Durch faule Trauben würden bei dem langen und intensiven Kontakt der Beerenschalen mit dem Wein unangenehme Geschmackskomponenten in den Wein gelangen.

SW

Mazeration *(die)*

Bei der Verarbeitung des Traubenguts zu Wein steht auch die bestmögliche Extraktion der Inhaltsstoffe der Beeren im Vordergrund. Die Methode der Kaltmazeration ist dafür eine optimale und schonende Vorgehensweise.

Mazeration bedeutet aus dem Lateinischen „maceratio" übersetzt „das Mürbemachen". Im Allgemeinen wird das Verfahren hauptsächlich bei der Rotweinherstellung angewendet. Beim Weißwein sind es vor allem die Bukett-sorten, deren typische Aromastoffe sich in der Schale befinden. Die Maische wird über mehrere Tage oder Wochen auf unter 18° Grad C gekühlt, sodass der Gärprozess nicht einsetzt. Dabei werden die Inhaltsstoffe der Beerenschale extrahiert. Die Kühlung bringt es mit sich, dass Farbstoffe, Gerbstoffe und Aromastoffe ohne zu vergären an den Saft abgegeben werden. Eine längere Maischestandzeit ist die Folge. Würde die Maische gären und durch den entstehenden Alkohol Gerbstoffe freigeben, wäre dies bei langer Maischestandzeit mit anderen unangenehmen Bittertönen verbunden.

Die Kaltmazeration birgt natürlich die Gefahr, dass neben der Extrahierung auch andere mikrobiologische Prozesse ablaufen. Der Sauerstoff ist dabei Basis für die Bildung von Pilzen und anderen unvorteilhaften Entwicklungen. Um dem vorzubeugen, muss man das Beeren-Saft-Gemisch mit einem Edelgas, das schwerer als Sauerstoff ist und diesen verdrängt, überdecken. Oder man bedient sich des Trockeneises. Ein Winzer, der Trockeneis unter die Maische gibt, ähnelt einem Hexenmeister. Das gefrorene Gas beginnt ab der Berührung mit der flüssigen Maische zu verdampfen. Es brodelt und raucht wie im Hexenkessel.

Der Effekt hat jedoch nichts mit Magie zu tun: Durch die Kühlung beginnt die Maische nicht zu gären, das im Trockeneis gefrorene Gas löst die in der Beerenschale vorhandenen Stoffe und gleichzeitig wird eine Oxidation verhindert. Bei sehr hochwertigen Weinen bringt die Kaltmazeration den letzten Kick: noch mehr Fülle, Tiefgang und Volumen – einfach mehr Trinkspaß!

SW

Mittelrhein
(der)

„Wo über steilen Rebhängen Schlösser und Burgen thronen", so wird das malerische Weinanbaugebiet Mittelrhein beschrieben. Seine Weinberge erstrecken sich über mehr als hundert Kilometer von Bingen bis vor die Tore Bonns. Der Mittelrhein ist ruppig und deshalb vielleicht nicht gerade als freundliche Landschaft zu bezeichnen. Doch hier zeigt sich dem Betrachter eines der schönsten Bilder, die Deutschland zu bieten hat: Schroffe Felsrücken zeichnen das eng gegliederte Rheintal. Und dazwischen winden sich in den Steilhängen die terrassierten Weinberge der Region Mittelrhein.

Die Rebfläche ist etwa 470 Hektar groß und überwiegend mit Riesling bepflanzt. Durch die Lage im Rheinischen Schiefergebirge besitzt das Anbaugebiet beste weinbauliche Bedingungen. Tief hat sich der Rhein über die Jahrtausende in die Mittelgebirgslandschaft eingegraben. Durch den Zustrom milder Luft aus Süden her kommend, weist das Rheintal ein optimales Klima auf. Die Wasseroberfläche des Rheins sorgt für einen Temperaturausgleich, so dass die Winzer im Winter selten um erfrorene Reben bangen müssen.

Am Bopparder Hamm liegt mit fünf Kilometern Länge die größte zusammenhängende Rebfläche des Mittelrheins. Der südliche Teil dieser einzigartigen Kulturlandschaft, das Obere Mittelrheintal, wurde im Jahr 2002 von der UNESCO zum Weltkulturerbe geadelt. Im Herzen dieser einzigartigen Flusslandschaft liegt Koblenz, eine der größten Weinbau treibenden Städte überhaupt. Natürlich denkt man bei Mittelrhein auch sofort an Eine! Mit ihrem langen gewellten Haar hat sie schon so manchen Fischer oder sogar in diesem Fall Winzer verlockt und verführt. Na klar, die Rede ist von Christina Wagner. Die Mittelrheinische Weinkönigin machte ihren Job im Jahre 2006/2007 so gut, dass sie glatt noch eine Amtsperiode anhängte, um weiter die mittelrheinischen Gewächse zu vertreten. Respekt!

SW

Monorackbahn
(die)

Die Monorackbahn ist eine Einschienen-Zahnradbahn, die im Steillagen-Weinberg eingesetzt wird, um dort die Arbeit des Winzers zu erleichtern.

Bei einer Hangneigung von bis zu 75 Prozent, wie beispielsweise am steilsten Weinberg Europas in Calmont an der Mosel, kann dem Winzer ein fast senkrechter Aufstieg drohen, wenn er seine Rebstöcke pflegen will. Das bedeutet für ihn, dass Materialien und gelesene Trauben unter schwersten Bedingungen hoch und wieder herunter gebracht werden müssen.

Mit der Einführung der Monorackbahn wurde erst Ende der 80er Jahre begonnen. Seit dieser Zeit hat man über zehntausend Meter Schienen in den Steillagen montiert. Die Schienen verlaufen nicht direkt auf dem Boden, sondern in etwa einem Meter Höhe auf Stützpfosten. Bodenerosionen werden somit vermieden. Auf dieser Einbahnschiene wird mit einer aufgeschweißten Zahnstange ein so genannter Monorack-Traktor (Motorwagen) aufgesetzt. Dieser verankert sich und fährt mit 0,7 Meter pro Sekunde Fahrgeschwindigkeit bergauf und bergab. Die Bahn wird sehr schmal und klein gehalten, das heißt, ein Radius von insgesamt vier Metern wird nicht überschritten. Damit kann man eine Steigung von bis zu 100 Prozent problemlos meistern. Felsvorsprünge, Kurven oder Mauern werden überwunden und sogar Gewichte von bis zu 250 Kilogramm können transportiert werden. Der Winzer kann sich selbst oder die im Weinberg benötigten Materialien befördern und spart viel Zeit und Kraft.

Falls Sie einmal einen Steillagen-Weinberg besuchen und die Möglichkeit haben, mit einer Monorackbahn zu fahren, werden Sie sicherlich von der Technik und der Natur gleichermaßen fasziniert sein.

KS

Mosel
(die)

Kurz und prägnant, einfach knackig wie die Weine dieser Herkunft selbst, nennt sich das Anbaugebiet seit August 2007: Mosel! Bis zu diesem Zeitpunkt kannte man eine der ältesten und bekanntesten Weinregionen Deutschlands noch unter dem Namen Mosel-Saar-Ruwer. Etwa 9.300 Hektar Rebfläche umgeben die Ufer dieser Flüsse, die von Koblenz an der Mündung der Mosel in den Rhein im Nordosten bis nach Trier, beziehungsweise zur luxemburgischen Grenze reichen. Das Klima ist geprägt von der nördlichen Lage des Gebiets einerseits und den vielen Steilhängen andererseits, welche für optimale Sonneneinstrahlung in den Weinbergen sorgen. Manch ein Winzer in der Pfalz oder Rheinhessen kann von solchen Lagen nur träumen. Extreme Hangneigungen, wie zum Beispiel der steilste Weinberg der Welt, der Bremmer Calmont, der an seiner abschüssigsten Stelle ein Gefälle von über 60 Grad hat, weisen den Moselwinzern in die Schranken der Natur. Unter erschwerten Bedingungen wird Rebstock für Rebstock, meistens in Handarbeit, gehegt und gepflegt.

Auf Muschelkalk und Keuper, Devon-Schiefer und Tonschiefer gedeihen die Pflanzen oftmals noch als Direktträger am Einzelpfahl. Und trotz erheblicher Investitionen in Flurbereinigung und Infrastruktur, beträgt der Arbeitsaufwand hier das Fünf- oder gar Zehnfache von dem in Flachlagen.

An der oberen Mosel liegen die ältesten Weinberge Deutschlands, hier betrieben schon die Römer Weinbau und gründeten die heute älteste römische Stadt Deutschlands: Trier. Im Jahre 1787 verfügte der Trierer Kurfürst Clemens Wenzeslaus von Sachsen, dass in seinem Herrschaftsbereich nur noch Riesling zu kultivieren sei. Das hatte schließlich auch zur Folge, dass die Mosel das größte zusammenhängende Riesling-Anbaugebiet der Welt wurde.

Mit 58 Prozent der Rebfläche nimmt Riesling den unschlagbaren Löwenanteil an der Mosel ein: Rassige und zugleich leichte, von lebhaftem Säurespiel unterstützte Weine in jeglicher Qualitätsstufe, lassen den Weingenießer ins Paradies entschwinden. Ihr Moselwinzer, euer Mühen ist mehr als lohnenswert!

SW

Müller-Thurgau
(der)

Die Gemeinde Geisenheim liegt im Anbaugebiet Rheingau. In dieser Stadt wurde 1872 die bekannteste deutsche Forschungs- und Lehranstalt für Weinbau und Kellertechnik gegründet. Bis heute ist sie die einzige Hochschule Deutschlands, an der man Önologie studieren kann. 1882 kreuzte dort der Schweizer Professor Hermann Müller aus dem Kanton Thurgau (1850-1927) die später nach ihm benannte Weißwein-Rebsorte Müller-Thurgau.

Dass man Jahrzehnte lang glaubte, die Rebsorte Müller-Thurgau sei eine Kreuzung aus den deutschen Rebsorten Riesling und Silvaner, lag nicht an der Kompetenz des Züchters. Wahrscheinlich kam Unordnung in die etwa 150 Sämlinge, die Hermann Müller mitnahm, als er von der Forschungsanstalt Geisenheim ins schweizerische Wädenswil umzog, wo er Gründungsdirektor einer Schwesterinstitution wurde.

Aufklärung über die tatsächliche Kreuzung brachten erst Genanalysen der Forschungsanstalt im österreichischen Klosterneuburg. Hier entdeckte Ferdinand Regner 1996 die wahren Eltern von Müller-Thurgau. Dabei handelt es sich um Riesling und Madeleine Royale. Müller-Thurgau ist sehr häufig unter seinem Synonym Rivaner verbreitet. Dieses lässt sich noch auf die ursprüngliche Annahme der Kreuzung mit Silvaner zurückführen. Müller-Thurgau wurde 1971 im neuen Weingesetz zur Qualitätsweinproduktion empfohlen.

Bereits in den 70er Jahren stand die Rebe an der Spitze der meist verbreiteten Sorten Deutschlands. Doch Mitte der 1990er Jahre wurde sie durch den Riesling von ihrer Position verdrängt und belegt heute mit einer Rebfläche von rund 13.800 Hektar, allein 6.600 Hektar davon entfallen auf Rheinhessen und die Pfalz, den zweiten Platz in der Sortenliste. Weniger säurebetont als der Riesling, mit leicht blumiger Note, bietet der Müller-Thurgau eine optimale Begleitung in milden Sommernächten!

SW

Mußbacher Manifest *(das)*

Im Dezember 2005 machte die Europäische Union den Weg frei für die Einfuhr „fraktionierter" Weine sowie für solche, die mit Eichenchips behandelt oder mit Wasser verdünnt werden. Dieser Beschluss war Auslöser für viele Winzer, Partei zu ergreifen, um auf eine offensichtliche Problematik aufmerksam zu machen.

In der Mußbacher Eselsburg wurde von zehn Vertretern der Weinbranche ein Manifest unterschrieben. Viele andere aus Europa und der ganzen Welt schlossen sich dieser Initiative an. Sie alle vertreten die Auffassung, dass die von den USA praktizierten Techniken nicht mit dem Naturprodukt Wein zu vereinbaren sind. Ihre gemeinsame Message lautet: Handwerk statt Massenfabrikation! Das Kulturgut Wein soll vom Rebstock bis zum Trinkgenuss in seiner Natürlichkeit erhalten werden. Die Herkunftsregion, der Boden jeder einzelnen Lage, das Wetter des Jahrgangs, die individuelle Persönlichkeit der Winzerin oder des Winzers ist Spiegelbild eines jeden Weines und dessen Authentizität.

Jeglicher Eingriff in das innere Gefüge des Weines, wie zum Beispiel das Fraktionieren, ist nach Meinung dieser Winzer ein Vortäuschen von Qualität im Wein, welche die Trauben nie besaßen. Dieses Manifest soll also als ein offensives Appellieren an alle Winzer der EU, aber auch an den Verbraucher, verstanden werden. Ob der Ort Mußbach unweit des Hambacher Schlosses mit Absicht gewählt wurde, um diese revolutionäre Bewegung ins Leben zu rufen, ist nur eine Vermutung...

SW

N

Nahe

Naturkork

Nebbiolo

Nahe *(die)*

Ganz profan und unromantisch erscheint die Aufgabe, der sich jeder Winzer, jedes Weinanbaugebiet, das Weinland Deutschland, ja sogar die ganze Weinwelt letzten Endes stellt: Die erfolgreiche Vermarktung ihres Gutes! Jeder Einzelne leistet auf diese Weise seinen Beitrag zum Ganzen, egal ob groß oder klein.

Mit rund 4000 Hektar Rebfläche gehört die Nahe bei weitem nicht zu den Großen. Im Süden geht das Anbaugebiet fast nahtlos in die weiten Rebfelder Rheinhessens über, um im Norden am Mittelrhein seine Grenze zu finden. Die Tatsache, dass auch die Nahe sich mit fast einem Viertel ihrer Rebfläche dem Riesling verschrieben hat, ist für ein deutsches Anbaugebiet nichts Außergewöhnliches.

Seit dem Jahr 1993 sind die vorher zwei Bereiche der Nahe zu einem zusammen gefasst: dem Nahetal. Deutschlandweit bietet die Nahe die größte Bodenvielfalt und den engräumigsten Wechsel der unterschiedlichsten Typen. Mehr als 180 Bodenvarianten seien es, so vermutet man im Rahmen des laufenden Projektes „Stein und Wein". Die Reben gedeihen auf Schiefergestein, vulkanischem Porphyr oder Löss- und Lehmböden und spiegeln sich in den Weinen wieder, als wären sie Sinnbild der Natur. „Juwel im Südwesten" wird sie des Öfteren genannt. Kein Vergleich könnte es besser treffen: Der Schliff bringt die Veredelung und erhöht somit die Lichtreflexion und den Glanz des Minerals. Jeder Stein ist einzigartig und die Winzer der Nahe tragen ihren letzten Kick dazu bei, ob groß oder klein.

SW

Naturkork *(der)*

Naturkork war schon den Römern im 2. Jahrhundert v. Chr. bekannt. Sie verschlossen ihre Weinkrüge nach der Gärung mit Kork. Mit dem Untergang des Römischen Reiches war der Kork jedoch in Vergessenheit geraten. Im Mittelalter wurden die Gefäße mit Holzstöpseln, Terrakotta, Stoff, Pech oder Wachs abgedichtet. Zu Beginn des 17. Jahrhunderts wiederentdeckt, steht der Naturkorken bis heute für hohe Elastizität, Haltbarkeit, geringe Luftdurchlässigkeit und Nostalgie.

Der Naturkork wird aus der Korkeiche gewonnen, die vor allem in Portugal, Spanien und Sardinien beheimatet ist. Die Bäume können bis zu zehn Meter hoch und rund 200 Jahre alt werden.

Bevor die Rinde das erste Mal für den Flaschenkorken geschält werden darf, soll der Baum 45 Jahre alt sein. Die gebogene und gewellte Rinde der Korkeiche muss mehrere Monate, während das Eigengewicht sie flacher presst, im Freien trocknen. Sie wird dann gekocht, in Platten geschnitten und ausgestanzt.

Das Image der Naturkorken steht aber auf wackeligen Beinen. Die Qualität nahm mit der Produktion immer größerer Mengen, die der Weinmarkt verlangte, stetig ab. Es kommt hin und wieder zu modrigem Geruch mit Mufftönen im Wein oder dem so genannten bitter-scharfen Korkgeschmack, ausgelöst durch die Substanz Trichloranisol, abgekürzt TCA, die ein Schimmelpilz in der Rinde der Korkeiche produziert.

Dieser Korkfehler oder Korkschmecker lässt den Wein stumpf und unangenehm riechen und schmecken. Er erinnert an Karton, Fensterleder oder feuchte Erde. Trotz jahrzehntelanger Forschung ist noch kein sicheres Verfahren gefunden worden, die Problematik in den Griff zu bekommen. Als alternative Verschlussformen hat man inzwischen den Schraubverschluss, Glasverschluss oder den Kunststoffkorken entwickelt.

KS

Nebbiolo
(der)

Nebbiolo ist eine italienische Rotwein-Rebsorte, die vor allem im Norden Italiens von großer Bedeutung ist. Die Rebsorte wurde vermutlich bereits in der Antike im Hügelland des Monferrato und der Langhe angebaut. Sie wird bereits in Schriften des 13. und 14. Jahrhunderts namentlich erwähnt.

Anfang 2004 wurde bekannt, dass die Sorte Nebbiolo mit der Sorte Freisa verwandt ist. Der Name Nebbiolo wird von „nebbia" abgeleitet, was Nebel bedeutet. Zudem bevorzugt diese Rebsorte Standorte mit häufigen milden Nebeln im Herbst. Man spricht somit von der Rebsorte, die mit dem Nebel lebt. Die Nebbiolo-Rebe ist eine der anspruchsvollsten Rebsorten, was Boden und Lage betrifft. Sie gedeiht fast ausschließlich auf steilen Süd- bis Südwesthängen, bevorzugt Kalkmergelböden, und liefert tanninreiche und ausdruckstarke Weine, die einer langen Ausbauphase bedürfen.

Der Nebbiolo gehört zu den am langsamsten reifenden Weinen überhaupt, aber damit auch zu denen, die ihre Qualität am längsten behalten. Als typisches Sortenbukett ist den Nebbiolo-Weinen ein dezentes Veilchen- und Trüffelaroma zu eigen. Die Weine sind von mittlerer Farbdichte und werden meistens trocken ausgebaut.

Die Nebbiolo-Rebe ist so begehrt, dass sie sogar als Edelrebe bezeichnet wird und somit in die Nobilität der Weinwelt aufrückte. Weltweit sind etwa 6.000 Hektar mit Nebbiolo bestockt. Der größte Anteil ist in Italien (Piemont und Lombardei) zu finden, wo unter anderem Barolo, Barbaresco und Roero aus ihr gekeltert werden. Daneben gibt es Anpflanzungen in Argentinien, Mexiko, Kalifornien, der Schweiz, Brasilien und in der Pfalz. Der erste Nebbiolo-Weinberg Deutschlands steht im Kallstadter Steinacker und wird vom Weingut Brenneis-Koch bewirtschaftet. In der steilen, warmen Südhanglage kann die Rebsorte bis in den November hinein ausreifen. Der Nebbiolo ist eine interessante Rebsorte, die Freude ins Glas zaubert und mich bei einer Verkostung begeisterte und neugierig gemacht hat.

JB

O

Oechslegrade

Öko-Weinbau

Oechslegrade, °Oe
(die)

Oechslegrade sind Maßeinheiten zur Messung der Dichte von Traubensaft. Bestimmt wird die Dichte mit Hilfe einer so genannten Oechslewaage oder eines Refraktometers. Das Mostgewicht, ausgedrückt in Grad Oechsle, steht für den Gesamtextraktgehalt des Mostes. Vereinfacht kann man sagen: Das Mostgewicht gibt an, um wie viel Gramm ein Liter Most schwerer ist als ein Liter Wasser bei 20° Grad C. Bei einem Mostgewicht von 90° Grad Oe wiegt ein Liter Most 90 Gramm mehr als ein Liter Wasser. „Gewogen" wird der natürliche Zuckeranteil zusammen mit anderen für die spätere Weinqualität wichtigen Inhaltsstoffen, wobei der Zuckeranteil weitaus überwiegt. Je besser die Trauben am Rebstock gereift sind, umso höher ist der Zuckeranteil und damit auch das Mostgewicht (° Oe).

Für den Winzer ist dies ein ganz wichtiger Indikator für die Qualität des Traubensaftes und für die spätere Güteklasse des Weines. Mit Hilfe von Oechslegraden (Mindestmostgewichte) werden im Deutschen Weingesetz die verschiedenen Qualitätsstufen festgelegt. So benötigt man etwa für eine Beerenauslese 120° Grad Oe. Bis vor 30 Jahren wurden die Oechsle von den Winzern ausschließlich mit der Oechslewaage bestimmt. Die Oechslemessung geht auf den Pforzheimer Apotheker und Goldschmied Christian Ferdinand Oechsle (1774 - 1852) zurück.

Heute werden die Oechsle einfach und schnell mit dem Refraktometer nach dem Prinzip der Lichtbrechung bestimmt. Das Gerät gleicht einem Minifernrohr und ist mit einem Messprisma und einem Okular ausgestattet. Auf das Prisma wird ein Tropfen Most aufgebracht. Dann können über das Okular die Oechslegrade (von 30° bis 130° Grad Oe) abgelesen werden. So kann der Winzer auch den Reifezustand seiner Trauben vor Ort im gesamten Weinberg feststellen und besser und schneller entscheiden, wann die Trauben zum Ernten reif sind.

KS

Öko-Weinbau
(der)

Öko-Weinbau ist nicht nur die Produktion von Biowein oder integrierter umweltschonender Weinbau. Hier gibt es einige Unterschiede. Allen gemeinsam ist ein sinnvolles Konzept für das Arbeiten im Einklang mit der Natur: Ein intaktes Ökosystem aus Pflanzen, Tieren und Boden im Weinberg, gepaart mit handwerklichem Können der Winzer, kann so ein Garant für eine hervorragende Weinqualität sein.

In den letzten 30 Jahren hatten es Biowinzer nicht immer leicht. Aus manch bitterer Erfahrung der Anfangsphase wurden Lehren gezogen. Ökologie und Qualität sollten sich nicht widersprechen. Ein Ergebnis aus ständiger Weiterentwicklung verschiedener Gesichtspunkte ist das bekannte BIO-Siegel der EG-Öko-Verordnung. Jedoch wird hier nur der Anbau der Trauben geregelt und nicht die Weinherstellung.

Dies war vielen Winzern nicht genug, sie wollten mehr. Der Öko-Weinbau sollte ein ganzheitliches Anbausystem sein, das unter anderem die schonende Verarbeitung oder die Begrünung der Weinbergsflächen berücksichtigt. Es kam zur Gründung von Verbänden, die diese Aspekte genauer regeln. Für den Weinbau stehen vor allem fünf Verbände:

BIOLAND hat den Anspruch, im Einklang mit der Natur zu wirtschaften, besonders ohne chemisch-synthetische Pflanzenschutzmittel. DEMETER folgt den bio-dynamischen Weinbau-Lehren des Anthroposophen Rudolf Steiner. ECOVIN ist der einzige Ökoanbauverband, der ausschließlich Winzer betreut und durch seine spezielle Fachkompetenz ein strenges Rundum-Programm für Öko-Winzer erstellt. Gäa e.V. ist für Bioprodukte in Sachsen zuständig. Und NATURLAND arbeitet mit dem VDP (Verband der deutschen Prädikatsweingüter) zusammen, aus der 1993 eine Gemeinschaft für qualitätsorientiert arbeitende Weingüter hervorgegangen ist.

Ob Ökoweine generell bekömmlicher sind als andere, ist eine vieldiskutierte Frage, die der Weintrinker für sich entscheiden muss. Zweifellos bekommt der Öko-Weinbau der Natur besser.

KS

Pfalz

Pfalzwein-Fakten

Prädikatswein

Prosecco

Pfalz
(die)

Bis 1995 trug dieses Weinanbaugebiet noch den Namen Rheinpfalz, bis man es dann, ganz kurz und knackig, in Pfalz umbenannte. Nach Rheinhessen ist es mit etwa 23360 Hektar das zweitgrößte Weinanbaugebiet Deutschlands. Über eine Strecke von schätzungsweise 70 Kilometern zieht es sich an den Hängen des Pfälzer Waldes bis zur Rheinebene, von Monsheim im Norden bis zur französischen Grenze im Süden, entlang. Im Durchschnitt kommen 2,4 Hektoliter Wein jährlich aus der Pfalz!

Die Pfalz ist nach Baden das sonnenreichste Anbaugebiet Deutschlands. Jährlich streicheln rund 1800 Sonnenstunden die Reben. Hier findet man eine Vielzahl der unterschiedlichsten Bodenformationen. Sie reichen von Bundsandstein über Lehm, Mergel, Keuper, Muschelkalk, Porphyr und Granit bis zu Schiefer. Und trotz seiner Ausdehnung ist dieses Gebiet nur in zwei Bereiche eingeteilt: Mittelhaardt-Deutsche Weinstraße und Südliche Weinstraße.

Der Rebsortenspiegel wird in erster Linie von Weißwein-Rebsorten dominiert: An der Spitze steht der Riesling (4800 Hektar), gefolgt von Müller-Thurgau (3200 Hektar). Auf dem dritten Platz hat sich seit dem Ende der 1990er Jahre mit 2700 Hektar die Rotwein-Rebsorte Dornfelder geschoben. Dahinter kommen der Kerner, Spätburgunder und Weißburgunder.

Ein Pfälzer Riesling ist etwas Besonderes und das Zugpferd des Weinbaugebietes, wo die Winzer es verstehen, ihre Stärken zu nutzen! Und der Pfälzer Spätburgunder ergibt exzellente Rotweine. In den letzten Jahren des 20. Jahrhunderts wurden zunehmend interessante Resultate mit Grauburgunder, Chardonnay, Cabernet Sauvignon oder Sankt Laurent erzielt. Ein Weinanbaugebiet zum Verwöhnen lassen! Zum Wohl. Die Pfalz.

SW

Pfalzwein-Fakten
(die)

Die Pfalz hat so einiges zu bieten. Mit einer Rebfläche von 23.473 Hektar ist sie das zweitgrößte Weinanbaugebiet Deutschlands. Hier wachsen über 100 Millionen Rebstöcke. Pflanzte man sie in einer Reihe, würden sie dreimal den Äquator umkreisen. Mit der Deutschen Weinstrasse, deren Länge 85 Kilometer beträgt, besitzt die Pfalz die älteste Touristikroute Deutschlands. Mit unseren 1800 Sonnenstunden im Jahr fühlen sich nicht nur wir, die

1,3 Millionen Pfälzer, wohl, sondern auch viele Touristen. Immerhin, etwa jede vierte Flasche deutschen Weins wird aus der Pfalz getrunken, und der Exportanteil liegt bei etwa 25 Prozent (hauptsächlich nach Großbritannien). Im Jahr 1971 hat ein Winzer aus der Südpfalz Trauben geerntet, die mit 326 Grad Öchsle das bisher weltweit höchste Mostgewicht erreichten.

Dass wir Pfälzer gerne und gut feiern können ist bekannt. Und so ist es auch selbstverständlich, dass mit dem Dürkheimer Wurstmarkt das größte Weinfest der Welt bei uns stattfindet. In Bad Dürkheim steht auch das 1,7 Millionen Liter fassende größte Weinfass der Welt.

Im Historischen Museum der Pfalz in Speyer wird in einer römischen Glasamphore ein 1600 Jahre alter Rebensaft aufbewahrt, der so manchen Besucher beim Anblick begeistert. Der älteste Weinlehrpfad Deutschlands ist in Schweigen zu finden. Dort steht auch das bekannte Deutsche Weintor.

Und zum krönenden Abschluss: Wussten Sie eigentlich, dass die Pfälzer 1931 die erste Weinkönigin Deutschlands wählten. Dies war damals sogar eine junge Kellnerin aus dem pfälzischen Pirmasens. Aber seit dieser Zeit hat sich einiges verändert im Amt der Weinhoheit...

KS

Prädikatswein *(der)*

Prädikatswein ist ein Qualitätswein mit besonderer Reife und Leseart und somit eine Bezeichnung für Spitzenweine. Für ihn gelten die höchsten Anforderungen hinsichtlich Sortenart, Reife, Harmonie und Eleganz.

Daneben werden gesetzliche Anforderungen an Prädikatsweine gestellt, die noch höher sind als bei den Qualitätsweinen. So dürfen diese Weine nicht angereichert werden, müssen aus einem Weinbaugebiet stammen, amtlich geprüft sein und eine Prüfungsnummer tragen. Die Jahrgangsbezeichnung kann, muss aber nicht auf dem Etikett stehen.

Je nach ihrem Reifegrad und den zusätzlichen Bedingungen (beispielsweise unterschiedliche Mindestmostgewichte je nach Rebsorte und Anbaugebiet) werden Prädikatsweine mit einem von sechs Prädikaten ausgezeichnet. Das Prädikat zählt zu den Pflichtangaben und muss auf dem Etikett stehen. Prädikatsstufen sind Kabinett, Spätlese, Auslese, Beerenauslese, Trockenbeerenauslese und als seltene Spezialität der Eiswein.

Jeder deutsche Prädikatswein muss mit einer dieser Qualitätsbezeichnungen deklariert werden. Mit Beginn des Weinwirtschaftsjahres 2007/2008 trat eine Vereinfachung des Begriffs „Qualitätswein mit Prädikat" in Kraft. Der Gesetzgeber beschloss am 9. August 2006 in Berlin eine entsprechende Änderung. Die Bezeichnung „Qualitätswein mit Prädikat" wurde ab dem 1. August 2007 durch den Ausdruck „Prädikatswein" ersetzt. Auf Grund einer Übergangsregelung dürfen vorgedruckte Etiketten noch bis zum 1. September 2009 aufgebraucht werden. Die zu diesem Zeitpunkt ausgestatteten beziehungsweise etikettierten Erzeugnisse dürfen auch noch über dieses Datum hinaus in Verkehr gebracht werden.

Es bedeutet Leidenschaft und Freude, diese Spitzenweine als Aperitif, zum Hauptgang oder zu einer Nachspeise zu genießen, denn sie sind ein Feuerwerk der Sinne – zum Wohl.

JB

Prosecco
(der)

Prosecco ist eine weiße Rebsorte, die nur in Italien, vor allem in der Region Venetien wächst. Aus ihr keltert man vorwiegend einen Perlwein (italienisch „Frizzante") sowie einen Schaumwein (italienisch „Spumante").

Die großen, lockerbeerigen Trauben mit mittleren bis großen Beeren bringen einen duftenden, aromatischen, süßen Most mit guter Säurestruktur hervor, der sich nach der Gärung hervorragend zum Versekten eignet. Und genau das geschieht mit dem überwiegenden Teil der Prosecco-Trauben. Sie werden auf unterschiedliche Art und Weise zu schäumenden Leckerli.

Die Flaschengärung, wie man sie beim Champagner, Winzersekt oder beim Crémant kennt, spielt bei der Prosecco-Verarbeitung kaum eine Rolle. Vielmehr wird das Großraumgärverfahren, die „metodo Charmat", benannt nach dem Erfinder, bevorzugt. Durch die Verwendung von Drucktanks kann die Gärkohlensäure nicht entweichen und verbleibt beim Wein. Ob nun wie schon oben erwähnt ein „Frizzante" oder ein „Spumante" entsteht, hängt ausschließlich vom Kohlensäuredruck auf der Flasche ab. Diesen Kohlensäuredruck kann der Kellermeister relativ genau berechnen. Perlweine („Frizzante") müssen mindestens 1,0 bis maximal 2,5 bar Druck aufweisen und haben in den meisten Fällen als Verschluss eine Kordel über den Korken gespannt. Über 2,5 bar Druck handelt es sich um einen Schaumwein („Spumante"), der als Verschluss das Drahtgitter, die sogenannte „Agraffe", zum Halten des Korkens benötigt.

Gegen Ende des letzten Jahrhunderts wurde der fast ausgestorbene Prosecco neu entdeckt. Mit seinem charakteristischen Aromen-Bouquet, das an Birnen, Äpfel, Pfirsiche, Blüten und manchmal auch etwas an Heu erinnert, erfreut sich der Prosecco auch in Deutschland einer zunehmenden Beliebtheit unter den Weingenießern.

JB

Reblaus

Rebschnitt

Rebsorten

Refraktometer

Regent

Restsüße

Rheingau

Rheinhessen

Riesling

Rüttelpult

A B C D E F G H I J K L M N O P Q **R** S T U V W X Y Z

**Reblaus
(Dactylosphaera
vitifolii)**
(die)

Die Reblaus stammt aus der Familie der Zwergläuse und ist ein bedeutender Schädling, der im 19. Jahrhundert dramatische Verwüstungen im europäischen Weinbau verursacht hat. Die Reblaus wurde mit bewurzelten Amerikanerreben 1862 von der Ostküste Nordamerikas nach Südfrankreich eingeschleppt und breitete sich von dort rasant über die europäischen Weinbaugebiete aus. 1874 wurde sie erstmals an deutschen Reben entdeckt. Bis Anfang des 20. Jahrhunderts wurden rund drei Viertel aller Rebflächen Europas vernichtet. Es war eine Katastrophe unvorstellbaren Ausmaßes, denn der Weinbau hatte schon damals große wirtschaftliche Bedeutung.

Der Lebenszyklus der Reblaus ist kompliziert. Zum einen treten sie sowohl als rein unterirdisch lebende Wurzelrebläuse auf, zum anderen als oberirdische Blattrebläuse. Sie entziehen dem Rebstock auf unterschiedliche Art und Weise Nährstoffe, was sein Wachstum stark schwächt, ihn verkümmern lässt und schließlich zum Absterben der Rebe führt.

Ein geeignetes Mittel zur Bekämpfung gab es lange nicht. 1870 hat man in Frankreich über 700 Vorschläge gesammelt. Vom Entfernen der Rebstockrinde bis zum Anpflanzen von Abwehrgewächsen (Hanf, Baldrian) über das Vergraben einer toten Kröte unterm Rebstock bis hin zum Einleiten von Elektrizität in die Erde wurden verschiedene Maßnahmen erfolglos angewandt.

Erst die sogenannte Veredelung oder auch Pfropfrebe zeigte Wirkung. Hierbei werden die „Oberteile" (Edelreiser) von Europäer-Reben auf die „Unterlage" (Wurzelstöcke) von reblausresistenten Amerikaner-Reben aufgepfropft. Jedoch hat es noch Jahre gedauert bis die Milliarden von Rebstöcken in Europa ausgetauscht waren und uns bis heute von der Reblaus befreiten.

KS

Rebschnitt
(der)

Etwa vier Wochen nach dem Blattfall im Herbst kann am Rebstock mit dem Rebschnitt begonnen werden. Dann herrscht Winterruhe und alle für den Austrieb wichtigen Mineralien sind im verbleibenden Holz eingelagert.

Der Rebstock besteht aus dem Stamm, einer auf den unteren Drähten angebundene Bogrebe und den daraus im letzten Jahr senkrecht nach oben gewachsenen Trieben. An diesen sind deutlich die Augen zu erkennen, aus denen im Mai neue Triebe sprießen werden. Nur die, die dann im Frühjahr austreiben, werden auch Früchte tragen. Wenn alles gut geht, zwei bis drei Traubenhenkel pro Trieb.

Es sind, je nach Stockabstand und Zeilenbreite, nur etwa zwölf neue Triebe nötig, um einen ausreichenden Ertrag für das neue Weinjahr zu sichern. Der Winzer schneidet daher die alte Bogrebe ab und belässt in Stammnähe einen Trieb aus dem letzten Jahr, den er in der Länge auf etwa zwölf Augen einkürzt und als neue Bogrebe anbindet. Die Zahl der Augen variiert je nach Rebsorte und angestrebtem Ertrag. Das restliche Holz wird entfernt und kleingehäckselt. Unter den Rebstöcken gibt es aber, wie überall, Faulenzer, die aus bestimmten Gründen wenige Trauben trugen und dabei dick und fett im Holz geworden sind. Sie muss der Winzer stärker anschneiden, also mehr Augen stehen lassen, um ihnen wieder etwas Dampf zu machen. Kranke und kümmernde Reben dürfen im neuen Jahr nur wenige Trauben tragen, damit sie sich wieder erholen können. Jeder Winzer versucht beim Rebschnitt ein Team aus seinen schwachen, starken und guten Reben zu bilden, damit etwa 5000 Rebstöcke je Hektar im Weinberg stehen, die bis zum nächsten Herbst und der Lese ihr Optimum geben können.

SW

Das Thema Rebsorten erscheint auf den ersten Blick sehr griffig und eindeutig. Ist es aber nicht. Die Vielfalt und Einzigartigkeit der Natur kennt keine Grenzen. So gibt es etwa 65 verschiedene Arten aus der Familie der Rebengewächse, deren Unterarten wiederum als Rebsorten bezeichnet werden. Insgesamt unterscheidet man zwischen 17000 und 20000 verschiedenen Rebsorten, aber nur 1000 bis 2000 werden tatsächlich im Weinbau genutzt. Die wirklich relevanten Arten lassen sich auf wenig mehr als 100 Namen reduzieren. Die Gruppe der so genannten internationalen Rebsorten umfasst gut ein Dutzend Namen.

Wie kann man jedoch bei einer solchen Vielfalt noch den Überblick behalten? Wie erkenne ich den Unterschied zwischen der Pflanze Chardonnay und Weißburgunder? Mit dieser Problematik beschäftigt sich die Ampelographie, die Wissenschaft von

Rebsorten
(die)

den Rebsorten. Ihre Methode besteht in der Beschreibung und im Vergleich der Farben und Formen von Blättern, Trauben und Beeren, sowie der vegetativen Entwicklung der Pflanzen. Die Einteilung in Gruppen und Familien ist dennoch angesichts tausender Sorten extrem schwierig.

Das Verfahren der genetischen Analyse erlaubt erst seit einigen Jahren, sehr viel präzisere Aussagen zu treffen. So hat man zum Beispiel herausgefunden, dass die Gruppe der Burgundersorten auf eine Kreuzung aus Gewürztraminer (Muttersorte) und Schwarzriesling (Vatersorte) zurückzuführen ist. Die meisten Rebsorten eignen sich aufgrund ihres unterschiedlichen Reifeverhaltens nur für ganz bestimmte Klimazonen und Bodentypen. Das Anbaugebiet Pfalz kann sich in dieser Hinsicht glücklich schätzen. Kaum eine Rebsorte lässt sich nicht gerne von der Pfälzer Sonne verwöhnen - ein optimaler Standortfaktor. Der Anbau von spritzigen und leichten Weißweinen schließt den von stoffigen und körperreichen Rotweinen nicht aus. Einfach stark, unsere Pfalz!

SW

Refraktometer *(das)*

Dieses praktische, kleine und handliche Messinstrument kommt regelmäßig kurz vor der Ernte zum Einsatz. Es gibt dem Winzer Aufschluss über den Reifezustand seiner Trauben im Weinberg. Das Refraktometer ist ein optisches Messgerät, das mittels der Lichtbrechung die Bestimmung des natürlichen Zuckergehalts in der Traube feststellt. Je höher die Konzentration der Extraktstoffe in der Beere ist, desto höher werden die Öchslegrade (Maßeinheit für Mostgewicht) angezeigt.

Der Winzer hat mit dem Refraktometer eine schnelle und zuverlässige Überprüfung des Reifezustandes. Er nimmt eine oder mehrere Traubenbeeren und presst den Saft auf das Messprisma. Danach wird der Klappdeckel geschlossen und die Flüssigkeit verteilt sich. Jetzt hält man das Refraktometer gegen das Licht und im Okular zeigt sich eine Maßkala, auf der der Zuckergehalt der Traube abgelesen werden kann.

Es ist ähnlich wie im Biologie-Unterricht mit dem Mikroskop, aber das Refraktometer ist nur eine Handfläche lang und hat den Durchmesser eines Winzerdaumens. Es ist handlich und kann

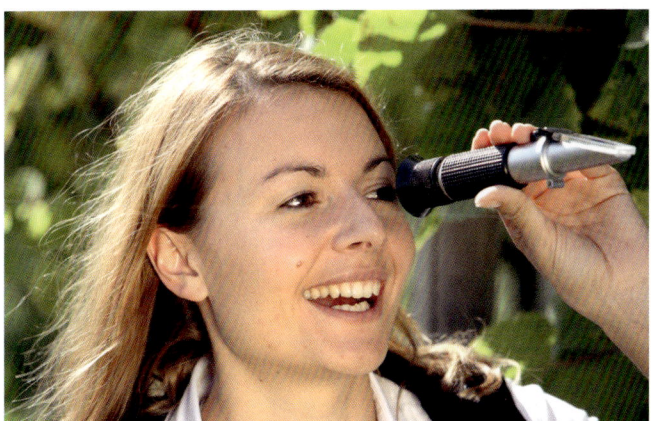

in jeder Tasche des Winzerkittels mitgenommen werden. Diese Messungen werden an mehreren Tage bis zur Lese durchgeführt, um die Mostgewichts-Entwicklung festzustellen.

Der qualitätsbewusste Winzer verlässt sich nicht nur auf das Refraktometer. Der Reifezustand der Trauben muss genau begutachtet werden, denn gesundes und reifes Lesegut ist oberstes Gebot. Der Winzer probiert seine Trauben und kaut die Kerne, damit er auch die Tannine, die für die Gerbstoffe im Rotwein wichtig sind, schmecken kann. Erst wenn alle Faktoren übereinstimmen, kann mit der Weinlese begonnen werden.

KS

Die Rotweinsorte „Regent" ist eine Neuzüchtung, die dem Institut für Rebenzüchtung auf dem Geilweilerhof bei Siebeldingen/Pfalz mit der Kreuzung aus Diana (Silvaner x Müller-Thurgau) x Chamboursin im Jahr 1967 gelang.

Bei der Züchtung der Rebsorte stand die Immunität beziehungsweise Resistenz gegenüber dem echten und falschen Mehltau im Vordergrund. Der Regent zeichnet sich besonders durch seine Unempfindlichkeit gegenüber Schadenerregern wie Pilzen aus und macht ihn so für den ökologischen Weinbau, aber auch als Hausrebe sehr interessant. Den Resistenzanteil bringt die französische, etwa 100 Jahre alte Rebsorte Chamboursin mit ein.

Regent
(der)

Hochwertiges Lesegut wird gerne auch im Barrique ausgebaut. Eine frühe Reife, ein überdurchschnittliches Mostgewicht und eine hohe Widerstandsfähigkeit bei Winterfrösten lassen den Anbau des „Regent" auch an Rotwein-Randlagen zu. Aktuell sind etwa zwei Prozent der deutschen Rebfläche mit der Regentrebe bestockt, wobei die Hauptanbaugebiete in Rheinhessen, Pfalz und Baden liegen. Im Jahr 1993 erhielt die Regentrebe den Sortenschutz. Die Zulassung für die Qualitätsweinproduktion wurde im Jahr 1995 erteilt.

Der Regent erinnert in seinem Aroma an überreife Sauerkirschen und Rotweinpflaumen. Er passt hervorragend in die kalte Jahreszeit. Sein Rebsortenpotential ermöglicht gut gedeckte, farbintensive Rotweine mit südländischem Flair. Der Regent ist somit ein perfekter Begleiter für alle Wildgerichte und zu Käse. Besonders zur Weihnachtsgans gibt er eine gute Figur ab und bringt Freude ins Glas.

JB

Restsüße
(die)

Auch Restzucker genannt, ist die Restsüße der unvergorene, bei der Gärung nicht zu Alkohol umgewandelte Zucker, der als „Rest" übrig blieb. Der Restzucker besteht aus Fructose (Fruchtzucker), weil die Glucose (Traubenzucker) schneller in Alkohol und Kohlendioxyd umgewandelt wird, sowie aus nicht vergärbaren Zuckerarten (Pentosen). Ein gewisser Restzuckergehalt gibt vor allem dem säurereichen Wein eine angenehme Abrundung, während zuviel Süße seine feineren Geschmackskomponenten überdecken kann.

Zur Geschmacksharmonisierung des Weins ist in Deutschland die Zugabe von Traubenmost (Süßreserve) erlaubt. Wurde die Restsüße bewusst durch Kaltgärung (gezügelte Gärung) angestrebt, dann erhält man einen modernen fruchtigen Weintyp, der noch im Bereich von „trocken", fast „halbtrocken" schmeckt. Übrigens sind solche Weine mit höherer Süße im halbtrockenen Bereich auch für Diabetiker geeignet. Analytisch wird der Restzuckergehalt in Gramm pro Liter (g/l) festgestellt. Bei idealen Gärbedingungen (warme Vergärung) kann ein Wein bis auf einen Restzucker-Gehalt von minimal 0,7 g/l vergären. Der Restzucker-Gehalt kann auf dem Etikett angegeben werden. Bei der Einteilung der Weine nach Restzucker unterscheidet man zwischen trocken, halbtrocken und lieblich. Trockene Weine haben einen Restzuckergehalt bis maximal 9 g/l, wenn die Gesamtsäure nicht mehr als 2 g/l niedriger als der Restzucker ist. Bei halbtrockenen Weinen liegt der Restzuckergehalt bis maximal 18 g/l. Für liebliche Weine gilt jedoch ein Restzuckergehalt von 18,1 g/l bis maximal 45 g/l. Darüber hinaus handelt es sich um besonders süße Weine.

KS

Rheingau
(der)

Etwa 3200 Hektar Rebfläche erstreckt sich rund 30 Kilometer weit am rechten Ufer des Mains und des Rheins, von Wicker und Hochheim im Osten bis nach Lorch im Westen. Auch die einzige Weinbergslage der Stadt Frankfurt am Main gehört weinrechtlich zum Rheingau.

Tiefgründiger, oft sandhaltiger Löss- und Kiesschotter oder gelegentliche Sandsteinformationen prägen die Bodenstruktur dieser Weinbauregion. Fakten über Fakten, die versuchen, dieses einzigartige deutsche Riesling-Anbaugebiet zu beschreiben, den Kern der Sache jedoch nicht treffen können. Das Gefühl beim Blick über die Weinregion ist geprägt von Bildern, wie sie nur die Natur schaffen kann: Eine hügelige Weinlandschaft, soweit das Auge reicht, mündet in einen gemächlich dahin ziehenden Fluss, der als Wärmespeicher der unteren Weinberge fungiert.

Eingebettet im Rebenmeer liegt beispielsweise das Schloss Johannisberg. In diesen sagenhaften Gemäuern wurde der Geschichte nach ein Kind des Weinbaus geboren: Die Spätlese. Im 12. Jahrhundert gründeten Zisterzienser das in einem Wiesenthal, von Wäldern und Weinstöcken umgebene Kloster Eberbach – über Jahrhunderte das größte und bedeutendste Weingut Mitteleuropas.

In Sachen Rebensaft waren die Rheingauer so auf Zack, wie wohl kein anderes Weinanbaugebiet in Deutschland. Anfang des 18. Jahrhunderts wurde der erste reinsortige Rieslingweinberg angelegt. In den 1990er Jahren gehörten Rheingauer Erzeuger zu den ersten, die das Konzept des Ersten Gewächses in die Tat umsetzten. Dass aus Winzern auf der ganzen Welt kluge Köpfe werden, dafür sorgt die Stadt Geisenheim mit ihrer in Deutschland bisher einzigen Lehr- und Forschungsanstalt für Weinbau und Kellertechnik. Der Rheingau hat ganz schön was vorgelegt und gilt in vieler Hinsicht noch als Vorbild, doch Zeit zum Schlafen hat niemand!

SW

Rheinhessen

Das „Land der tausend Hügel" wird es genannt. Reben, soweit das Auge reicht – das ist Rheinhessen. Mit etwa 26.000 Hektar Rebfläche ist es das größte Weinanbaugebiet Deutschlands. Dass Rheinhessen im Rheinbogen zwischen Bingen, Mainz, Worms und Alzey liegt, erklärt auch: Man kommt nicht drum herum!

Die Vielfältigkeit der Böden, die von Löss, Sand und Mergel bis zu Kalkgestein, Ton, Braunerde und Quarzit reicht, ist auch ein Grund für das breite Sortenspektrum der Region. Doch Rheinhessen lebt und liebt den Weißwein. Rund zwei Drittel der Rebfläche ist mit Weißweinrebsorten bepflanzt. Dabei nehmen Müller-Thurgau, Riesling und Silvaner die Spitzenpositionen ein.

Durch die Marke „RS – Rheinhessen Silvaner" wurde die traditionelle Rebsorte der Region völlig neu definiert: Ein trockener Klassiker mit unverwechselbarem Outfit. Passend dazu der Slogan „Die Weine der Winzer". Da drängt sich die Frage auf: „Von wem sonst?". Doch dieser so simpel wirkende Spruch beinhaltet eine tiefgreifende Intention. Der weit geläufige Begriff des Terroir lässt an der bedeutenden Komponente des Winzers keinen Zweifel. Die Faszination Wein spielt in Rheinhessen also einen ganz besonderen Trumpf aus. Nicht nur im Geschmacksprofil setzt die Region auf Frische und Frucht. Eine junge und einzigartige Winzergeneration mit innovativen Ideen bringt Schwung in die tausend Hügel der Landschaft. Rheinhessen zeigt ein neues Gesicht, es zeigt, dass sich was dreht!

SW

Riesling
(der)

Dass die Rebsorte Riesling von einer Wildrebe am Oberrhein stammt, hat sich mittlerweile als Legende erwiesen. Neueste genetische Untersuchungen kamen zu dem Resultat: Riesling ist die Verbindung zwischen einer Heunisch-Kreuzung und einem Traminersämling! Er gilt als beste Rebsorte der Welt.

A B C D E F G H I J K L M N O P Q **R** S T U V W X Y Z

Die bedeutendsten Kulturen besitzt Deutschland, wo Riesling mit über zwanzig Prozent der Gesamtfläche den Sortenspiegel anführt. Vom oberen Rheintal aus verbreitete sich der Riesling am Ende des Mittelalters in die meisten deutschen Anbaugebiete. Wegen seiner geringen Erträge und der späten Reife konnte er sich aber nur langsam durchsetzen. Im Jahre 1787 verfügte der Trierer Kurfürst Clemens Wenzeslaus von Sachsen, dass in seinem Herrschaftsbereich nur noch Riesling zu kultivieren sei. Das hatte schließlich zur Folge, dass die Mosel das größte zusammenhängende Riesling-Anbaugebiet der Welt wurde – heute gleich gefolgt von der Pfalz.

Die meisten deutschen Spitzenlagen sind mit Riesling bestockt. Riesling besitzt einen markanten Sortencharakter. Sein Duft von Apfel-, Pfirsich- und Zitrusnoten ist unvergleichlich. Trotzdem kann man ihn auch als Terroirwein bezeichnen. Denn die Aromen und der Geschmack spiegeln in außergewöhnlicher und einzigartiger Weise den Weinbergsboden und die klimatischen Bedingungen wider. Als Mutter- oder Vatersorte dienend, verdanken viele Rebsorten dem Riesling das Leben. So zum Beispiel Müller-Thurgau, Kerner oder Ehrenfelser.

Darüber hinaus werden in zahlreichen Ländern und Anbaugebieten Sorten kultiviert, die nicht mit Riesling identisch oder verwandt sind, sich aber dessen Namen bedienen, wie Welschriesling, Schwarzriesling, Frankenriesling oder Mainriesling. Doch jeder Kenner erschmeckt ihn sofort: unseren wahren Riesling!

SW

Das Rüttelpult wird bei der Versektung nach dem klassischem Verfahren – der sogenannten „Traditionellen Flaschengärung" verwendet. Entwickelt wurde es im Rahmen des heute noch gebräuchlichen Handrüttelverfahrens von Barbe-Nicole Clicquot (1777-1866) zur Klärung des Rohsektes von den Gärungsrückständen. Sie war die erste Frau überhaupt, die ein Champagnerhaus leitete und wurde häufig als die „Grande Dame de Champagne" (die große Dame des Champagners) beziehungsweise „Veuve Clicquot" (Witwe Clicquot) bezeichnet.

Rüttelpulte sind hölzerne Vorrichtungen, die aus zwei zueinander geneigten, durch Scharniere verbundene Tafeln mit Lö-

Rüttelpult
(das)

chern bestehen, in das die Sektflaschen zunächst nahezu waagerecht „aufgesteckt" werden. Über mehrere Wochen werden die Flaschen täglich einmal (auf)gerüttelt und dabei um einen vorbestimmten Winkel gedreht. Aus der anfangs waagerechten Lagerung der Flaschen werden diese allmählich bei dem täglichen Rütteln in eine senkrechte Stellung übergeführt. Zweck der Rütteltechnik ist es, die sich nach der Gärung an der Flaschenwand in breiter Fläche absetzende Hefe durch geeignete, wohldurchdachte Rüttel-, Dreh- und Stoßfolgen einzuengen, in schmalen Streifen schraubenförmig in Richtung Flaschenhals zu bringen und schließlich auf dem Verschluss zu sammeln. Nach dem Rütteln werden die kristallklaren Flaschen, ohne ihre Steillage zu verändern, auf Spitzstöße „abgesteckt". Der Rohsekt kann fertig gerüttelt gelagert werden, bis er entheft (= degorgiert) wird. Beim Degorgieren (Enthefen) wird der entstandene Hefepfropfen entfernt, ohne dass der Sekt die Flasche verlässt.

Ein guter Rüttler (= Remueur) bewegt nach den am Flaschenboden markierten Rüttelzeichen im Durchschnitt bis zu 30.000 Flaschen am Tag. Die Pfälzer Winzersekte, die nach diesem Verfahren hergestellt werden, gehören zum Besten, was aus einer Traube werden kann. Sie spiegeln die perlende Eleganz der Pfalz wieder.

JB

S

Saale-Unstrut

Sachsen

Sankt Laurent

Sauvignon blanc

Schnawwelrute

Secco

Selection

Silvaner

Sommelier

Sonnenbrand

Spätlese

Spontangärung

Straußwirtschaft

Sulfit

Syrah

Saale-Unstrut

Das Weinanbaugebiet Saale-Unstrut besteht eine Zerreißprobe, verteilt es sich doch über drei Bundesländer Deutschlands. So gedeihen zugleich in Sachsen-Anhalt in den Tälern von Saale und Unstrut, als auch in Thüringen und Brandenburg die Reben der Region. Die Weinanbaufläche des Gebiets umfasst etwa 650 Hektar und hat sich somit seit der Deutschen Wiedervereinigung mehr als verdoppelt!

Trotz der Tatsache, dass Saale-Unstrut das nördlichste Anbaugebiet Deutschlands verkörpert, ist das Klima wärmer und trockener als im benachbarten Sachsen. Auch oder gerade deswegen wächst hier auf Lehm überlagertem Muschelkalk, Buntsandstein und Tonschiefer allen voran die Rebsorte Müller-Thurgau. Auch der Weißburgunder, Silvaner und der Riesling gehören zu den Klassikern der Region. Nur ein Fünftel der angebauten Trauben sind Rotweinsorten wie etwa Portugieser, Dornfelder, Spätburgunder und Zweigelt.

Einen der vielleicht größten Erfolge erlebten die neuen Bundesländer zu Beginn des 21. Jahrhunderts mit Weinen aus dem Anbaugebiet Saale-Unstrut. Es handelt sich um die Sektmarke Rotkäppchen, die bereits 1894 in der 1856 gegründeten Kellerei Kloss und Foerster in Freyburg/Unstrut aus der Taufe gehoben wurde. Schon zu DDR-Zeiten war die Marke außergewöhnlich populär und erreichte eine Produktionsmenge von bis zu fünfzehn Millionen Flaschen jährlich. 2002 konnte Rotkäppchen dann die renommierte Sektkellerei „Mumm" in Hochheim am Main aufkaufen. Zusammen erzeugten beide im selben Jahr bereits stolze 92,4 Millionen Flaschen Sekt. In Deutschland hat Rotkäppchen somit die Marktführerschaft inne. Allgemein gesehen kann man jedoch sagen: Die Weinerzeugnisse Saale-Unstruts sind Raritäten! Also zugreifen, wann immer es geht.

SW

Sachsen

Das mit 470 Hektar Rebfläche zu den allerkleinsten Anbaugebieten Deutschlands zählende Fleckchen Erde erwartet Nachwuchs! Etwa 30 Hektar Rebfläche sollen es sein, die in Sachsen neu gepflanzt werden. Doch wie so oft schon bemerkt, zeigt auch Sachsen, dass Fläche nicht alles ist und sich wahre Größe ganz anders präsentiert.

Wer allerdings in diese schmucke und idyllische Region reist, um eine Weinregion im typischen Sinne kennen zu lernen, wird entweder enttäuscht oder aber beeindruckt sein: Die an der Elbe entlang führende 55 Kilometer lange Weinstraße von Pirna nach Diesbar-Seußlitz bietet ungewohnt wenig Blick auf zusammenhängende Rebflächen oder gar ein erhofftes Rebenmeer. Vielmehr handelt es sich fast um eine Entdeckung, wenn man auf die bestockten Parzellen Sachsens stößt.

Diese Tatsache lässt die etwa 3000 Winzer und über 20 Weingüter der Region nicht minder stolz wirken und ihren Weinanbau betreiben. Im Gegenteil: In Sachsen spürt man förmlich, was Aufbau, ja buchstäblich, was Aufbruch bedeutet! Mit modernster Technik und einer ständigen Weiterentwicklung verbinden die Winzer gekonnt ihre vor Kultur überschäumende Region mit einem auf über 800 Jahre zurückblickenden Weinanbau. Dem Besucher der Stadt Dresden bleibt der Mund offen stehen beim Anblick der geballten Pracht geschichtlich tief verwurzelter Bauten und ihrer Schönheit, die sich gerade bei Nacht rund um die Elbe entfaltet. Allerdings sollte man auch genau diese Begegnung mit dem sächsischen Elb-Florenz nicht scheuen, möchte man eine Flasche der raren und heiß begehrten Gewächse ergattern.

Über 80 Prozent der Erzeugnisse werden in Sachsen selbst getrunken, so dass wahre Liebhaber den Slogan „Eine Rarität – Weine aus Sachsen" wortwörtlich nehmen müssen. Dass die Deutsche Weinkönigin 2007/2008, Evelyn Schmidt, aus Sachsen kam, lässt darauf hoffen, der keulenförmigen Sachsenflasche auch öfter außerhalb ihrer Heimat zu begegnen!

SW

Sankt Laurent *(der)*

Die Rotwein-Rebsorte Sankt Laurent war in der Pfalz die Rebsorte des Jahres 2006. Seine Wurzeln stammen aus Frankreich, jedoch hat er mit dem Ort St. Laurent im Medoc keinen Zusammenhang. Die Namensgebung geht auf den Heiligen Laurentius zurück, dessen Gedenktag der 10. August ist. Immer um diesen Tag herum färbt sich die Traube von hell nach rot.

Der Sankt Laurent stellt recht hohe Anforderungen im Anbau und ist sehr gut geeignet für den Ausbau im Barrique, das ihm eine gute Lagerfähigkeit bringt. Er kann im Glas eine kräftige

Beerenaromatik entwickeln und eine vollkommene Harmonie aus Kraft und Eleganz.

Der Werdegang des St. Laurent in Deutschland hat Mitte des 19. Jahrhunderts mit dem deutschen Apotheker und Weinbaufachmann Johann Philipp Bronner begonnen. Jedoch war die Rebsorte nach dem zweiten Weltkrieg nahezu ausgestorben. Dann hat der Weinbauamtsrat Fritz Klein in Siebeldingen 1963 zwei Rebstöcke gefunden und wieder in einem kleinen Weinberg angelegt. Dass der St. Laurent inzwischen zu den besonderen Rebsorten der Pfalz gehört, haben wir jedoch Karlheinz Kleinmann aus Birkweiler zu verdanken. Er hat 1982 die Wiederaufnahme in die Sortenliste beim Weinbauamt beantragt. Heute sind in Deutschland etwa 650 Hektar mit dieser Sorte bepflanzt, ein Großteil davon in der Pfalz. Kleinmanns Tipp: „Wenn der Ertrag niedrig gehalten wird (maximal 8000 Liter pro Hektar) können etwa 86° Öchsle erreicht werden. Daraus kann ein wirklicher Genuss entstehen."

Im Jahr 1982 wurde im Weingut Karlheinz Kleinmann eine Weinverkostung von zehn Jahrgängen mit 16 St.-Laurent-Weinen präsentiert. Aufgrund dieser Verkostung hat Fritz Klein am 15.2.1982 den Antrag auf Sortenschutz beim Bundessortenamt in Hannover eingereicht. Es gibt seither drei St.-Laurent-Klein-Züchtungen K1, K2 und K3. Am 8.7.1987 wurde Fritz Klein der Sortenschutz durch das Bundessortenamt Hannover erteilt. Seit dem Jahr 1997 ist Karlheinz Kleinmann alleiniger Erhaltungszüchter.

KS

Sauvignon blanc
(der)

Die Weißwein-Rebsorte Sauvignon blanc ist für den Anbau in der Pfalz erst seit dem Jahr 2000 zugelassen. Er ist keine Neuzüchtung, sondern eine alte Rebsorte, deren Herkunft allerdings unbekannt ist. Die Österreicher nennen ihn auch Muskat-Silvaner. In der Pfalz wird diese Rebsorte aktuell von 265 Winzern auf einer Fläche von zusammen 104 Hektar angebaut. Damit ist das Anbaugebiet deutschlandweit führend. Sauvignon blanc ist eine international weit verbreitete Rebsorte. Die Weine werden meist trocken ausgebaut (die Ausnahme sind edelsüße Weine, beispielsweise Sauternes aus dem Bordeaux) und sind hervorragende Essensbegleiter. Regelrechte Kultweine kommen inzwischen aus Neuseeland (zum Beispiel der Cloudy Bay), wo der Sauvignon blanc eine der Hauptrebsorten ist.

Das Geheimnis seines Aromas sind besondere Inhaltsstoffe, die in keiner anderen Rebsorte vorkommen. Es sind Terpene, flüchtige schwefelhaltige Aromastoffe, die erst bei der Gärung gebildet werden. Für den Winzer ist es beim Weinausbau daher wichtig, sehr schonend zu arbeiten, damit diese typischen Aromen nicht verloren gehen. Interessant ist auch, wie stark das Aroma vom Reifegrad der gekelterten Trauben abhängig ist. Weine aus weniger reifen Trauben erinnern an Noten von grünem Paprika. Aus vollreifen Trauben gekelterte Sauvignon blanc- Weine haben ein tropisch-fruchtiges Aroma, wie etwa Stachelbeere oder Cassis. Ein Interessanter Neu-Pfälzer also, der wunderbar in unsere Landschaft passt!

SW

Schnawwelrute (Schnabelrute)
(die)

Welcher Pfälzer Winzer kennt sie nicht? Gerade in den Sommermonaten machen sie im Weinberg viel Arbeit. Die Schnawwelruten sind eine Art Seitentrieb und haben ihren Namen wahrscheinlich von der Pfälzer Mundart: „Wenn was absteht, dann schnawwelt was raus."

Der Winzer möchte seinen Rebstock erziehen und gesundes, qualitativ hochwertiges Lesegut erreichen. Das braucht Zeit! Wenn im Frühjahr die Rebe „austreibt", möchte der Winzer eine schöne Laubwand bilden, um die Rebblüte optimal zu schützen und zu fördern. Hierfür werden überzählige, schwache Triebe ausgebrochen und die starken Triebe in die Rebzeile „eingeschlauft". Im Grunde hat der Rebstock schon verstanden, was der Winzer von ihm möchte.

Aber da gibt es noch die Schnawwelrute oder Schnabeltrieb, die nicht in die Höhe, sondern einfach nur quer wachsen will. Sie tritt normalerweise auch nur im unteren Bereich des Rebstocks beziehungsweise am Ende der gebogenen Fruchtrute auf. Früher wurde sie einfach abgeschnitten, denn meist wollte sie keine Trauben tragen. Heute weiß man, dass das Einstecken in die Laubwand auch von Vorteil sein kann, denn für eine optimale Beerenreife ist auch ein „Sonnenkollektor" wichtig. Die Rebblätter bilden aus Wasser und Kohlendioxid der Luft, unterstützt noch von der Energie des Sonnenlichts, die optimale Fruchtsüße in den Traubenbeeren. Ebenso werden die notwendigen Reservestoffe gebildet, die für den Winter in den Wurzeln und dem Stamm eingelagert werden. Wie hieß es in Kinderjahren: „Man soll nie zu schnell durch die Rebzeilen springen, sonst schlägt einem die Schnawwelrute ins Auge."

KS

Secco
(der)

Secco wird nach dem deutschen Weingesetz als Perlwein definiert. In Anlehnung an den italienischen Verwandten Prosecco frizzante hat man ihn Secco genannt.

Secco kann aus Tafelwein oder Qualitätswein produziert sein, vorzugsweise aus den Rebsorten Riesling oder Weißburgunder. Secco ist ein „halbschäumender Wein", der einen Kohlensäuredruck von mindestens 1 bar und höchstens 2,5 bar aufweisen darf. Daher wird er meist in einer leichteren und schlankeren Flasche als der Sekt mit seinen bis zu 6 bar abgefüllt.

Während bei der Vergärung des Traubenmostes zu Wein die Kohlensäure weitgehend entweicht, wird sie bei der Secco-Produktion für die Bereitung aufgefangen und dem Wein nach der Gärung wieder zugeführt. Eine etwas einfachere Möglichkeit ist es, wenn dem Secco die Kohlensäure technisch zugesetzt wird. Auf dem Rückenetikett muss dann „Perlwein mit zugesetzter Kohlensäure" stehen.

Der Secco hat im Vergleich zum Sekt keine Agraffe, sondern ist meistens mit einem Drehverschluss und einer darüber gestülpten Folie verschlossen oder aber verkorkt und mit einer Kordel befestigt. Ebenfalls entfällt beim Secco die Sektsteuer (aktueller Satz: 1,03 EUR pro Liter). Daher kann er auch um einiges günstiger angeboten werden als Sekt.

Mit relativ geringem Alkoholgehalt (etwa 10 Volumenprozent) und seinem feinperligen, zart fruchtigen, prickelnden und etwas cremigen Genuss ist der Secco ein idealer leichter Frühlings- und Sommer-Aperitif.

KS

Selection
(die)

Die neue trockene Spitzenklasse der deutschen Qualitätsweine wird künftig mit dem Begriff „Selection" gekennzeichnet. Ausgewählte Standorte, geringer Ertrag und Handlese sind die Garanten der überragenden Qualität dieser Weine. Zur Bezeichnung „Selection" sind je nach Anbaugebiet nur gebietstypische Rebsorten zugelassen, wobei diese Weine einer strengen Auswahl unterliegen. In der Pfalz sind die Sorten Chardonnay, Gewürztraminer, Grauburgunder, Weißburgunder, Rieslaner, Riesling, Saint Laurent, Schwarzriesling und Spätburgunder für die Bezeichnung „Selection" erlaubt. Auf dem Etikett dürfen nur diese Rebsortenangaben verwendet werden. Die Angabe von Synonymen wie zum Beispiel Grauburgunder für Ruländer ist nicht zulässig. Neben den bestimmten Anbaugebieten ist bei der Herkunftsangabe die Einzellage obligatorisch. Eine Geschmacksangabe darf nicht auf dem Etikett angegeben werden, da der Begriff „Selection" schon für „trocken", beim Riesling auch für „halbtrocken", ausgebaute Weine steht. Ausnahmen in der Weinbezeichnung gelten nur noch für ältere Weine einschließlich des Jahrgangs 2003.

In allen Anbaugebieten gelten für „Selection-Weine" unterschiedliche Anforderungsprofile. In der Pfalz müssen alle Sorten mindestens 12,2 Prozent Gesamtalkoholgehalt und ein Mindestmostgewicht von 90° Grad Oechsle aufweisen. Der Restzuckergehalt darf bei einem Riesling maximal 12g/l betragen und den Säuregehalt nicht mehr als um das 1,5-fache übersteigen. Für alle übrigen Sorten gilt die gesetzliche Norm für „trocken".

Die sensorische Prüfung darf frühestens ab dem auf die Ernte folgenden 1. Mai vorgenommen werden. Der Wein muss für die Bezeichnung typisch sensorische Merkmale aufweisen. Alle Qualitätsweine mit der Bezeichnung „Selection" dürfen nicht vor dem 1. September des auf die Ernte folgenden Jahres in den Verkehr gebracht werden.

JB

Silvaner
(der)

Bei dieser Rebsorte sind sich die Weinhistoriker nicht einig. Hat diese Rebe ihren Ursprung in Österreich oder doch in Rumänien? Die Namensverwandtschaft Transsylvanien könnte darauf hindeuten. Jedoch sind die Winter dort sehr kalt und die Rebe hätte die starken Fröste wahrscheinlich nicht überstanden. Die erste

Erwähnung des Silvaners erfolgte 1665 durch den Zisterzienserabt Alberich Degen aus dem fränkischen Ebrach/Steigerwald, der den Silvaner in Deutschland einführte.

Interessant ist, dass der Name bis vor einigen Jahren nach der Konfession unterschiedlich lautete, was bedeuten könnte, dass der Silvaner einst über den Bischof von Speyer in die Pfalz kam. Die katholischen Winzer, die in dessen damaligem Herrschaftsgebiet lebten, sagten zum Silvaner „Franke" und die evangelischen Winzer der leiningischen und kurpfälzischen Gebiete bezeichneten ihn als „Österreicher". Im Schweizer Wallis wiederum heißt der Silvaner „Johannisberger".

Bedeutung erlangte der Silvaner zu Beginn des 19. Jahrhunderts und verdrängte gerade in der Pfalz den Gutedel und Elbling. Mitte des Jahrhunderts war jede zweite Rebe ein Silvanerrebstock. Jedoch ist der Silvaner heute nur noch mit acht Prozent der Rebfläche in Deutschland bestockt. Am häufigsten kommt er in Franken, Rheinhessen und der Pfalz vor.

Im Anbau stellt der Silvaner höhere Ansprüche als der Riesling. Winterfrost sowie steinige und trockene Böden mag er nicht. Im Sommer erfordert er viel Laubarbeit und kostet den Winzer unglaublich viel Pflege. Aber der Genuss im Glas kann verführen. Der Silvaner hat eine milde Säure und ist daher gut magenverträglich. Die Farbe ist recht hell und sein Duft eher dezent und erdig. Wächst er aber auf schweren Böden, kann er auch saftig oder wuchtig wirken. Wenn Sie die leichte Sommerküche mit Gemüse und Fisch kreieren, dann darf der Silvaner nicht fehlen. Probieren Sie es einmal aus. Zum Wohl!

KS

Sommelier *(der)*

Ein Sommelier ist, kurz, knapp und vereinfacht ausgedrückt, ein Weinkellner. Der Begriff stammt aus der Zeit im mittelalterlichen Frankreich und bedeutete Mundschenk. Sommeliers arbeiten heute üblicherweise in der gehobenen Gastronomie und beraten die Gäste bei ihrer Weinauswahl. Man könnte den Sommelier auch Genuss-Manager oder Kellermeister des Restaurants nennen. Schließlich kümmert er sich um den Einkauf, die Verwaltung und eine optimale Lagerung der Weine.

Der Sommelier stimmt sich mit den Köchen ab und informiert sich über Zutaten und Zubereitungsarten der Speisen, um den Gast bei der Auswahl perfekt zum Menü korrespondierender Weine entsprechend unterstützen zu können.

Eine gekonnt-professionelle Weinempfehlung bewirkt bei den Gästen einzigartige Geschmackserlebnisse. Dazu reichen Weinkenntnisse allein nicht aus. Ein Sommelier muss sich in der gesamten „Weinszene" auskennen und darüber informiert sein, wie sich der Weinmarkt entwickelt. Dazu benötigt er solide und umfassende gastronomische Kenntnisse, eine gute Allgemeinbildung, gute Umgangsformen und ein gepflegtes Äußeres, um in dem kultivierten Ambiente der guten Gastronomie den Gast adäquat beraten und bedienen zu können.

Zur Zeit sind insgesamt 120 Sommeliers in Deutschland im Einsatz. Wer Sommelier werden will, muss zuerst eine berufliche Ausbildung in der Gastronomie absolvieren. Die meisten Sommliers sind in der Regel Restaurantfachleute oder Köche. Anschließend eröffnet sich die Möglichkeit zur Sommelierausbildung. In Deutschland gibt es eine einjährige Ausbildung zum staatlich geprüften oder IHK-geprüften Sommelier. Sommelier ist kein ausschließlicher Männerberuf, wie man meinen könnte. In jüngster Zeit machen zunehmend Frauen in diesem Beruf Karriere. Weibliche Sommeliers werden Sommelière genannt.

KS

Sonnenbrand
(der)

Jeder kennt die Auswirkungen, die eine zu lange und zu intensive Sonneneinstrahlung auf der Haut hinterlässt. Aber worum geht es beim Sonnenbrand im Weinbau? Warum sind seine Spuren gerade 2007 so oft im Weinberg zu sehen?
Die Entstehung von Sonnenbrand hängt von mehreren Faktoren ab und für das Jahr 2007 kann man in dieser Hinsicht von „optimalen" Bedingungen sprechen. Die Blätter der Rebe steuern die Wasserabgabe über Spaltöffnungen. Ihr Schließmechanismus wird dabei durch Licht reguliert. Bei den Beeren ist das anders. Durch die wachsartige Schicht, die Cuticula, betreiben sie die Wasserabgabe. Beeinflusst wird dies nicht durch Licht, sondern vielmehr durch die Temperatur und Luftfeuchtigkeit. So kann es passieren, dass die Außentemperatur um einige Grade niedriger ist als die der Beere. Bei warmer und gleichzeitig trockener Luft, das heißt geringer Luftfeuchte, wird die Cuticula animiert, Wasser abzugeben. Dabei verändert sich die Wachsstruktur, die Durchlässigkeit steigt, ein extremer Wasserverlust der Beere ist die Folge. Gerade bei einem gut wassergesättigtem Boden, der eigentlich eine optimale Versorgung garantiert, ist dann die Gefahr groß, dass die Wasserfäden zur Beere hin abreißen. Dann können ganze Traubenranken eintrocknen. Verstärkt wird dieser Effekt dadurch, dass die Wachsbildung der Beere bei gut mit Wasser versorgten Reben geringer ist. Im Gegensatz zum Menschen ist es also nicht die UV-Strahlung, welche den Sonnenbrand verursacht. Der Winzer hat nach diesem Jahr vielleicht beides zur Genüge, wobei der Ertragsverlust durch den Sonnenbrand der Beeren noch der länger anhaltende Schmerz sein wird.

SW

Spätlese
(die)

Wie aus einer scheinbar unabwendbaren Katastrophe eine bahnbrechende Entdeckung für die Weinbranche werden kann, zeigt die Geschichte der Spätlese.

Im Jahr 1775 warteten die Mönche im Schloss Johannisberg auf den Boten des Fürstbischofs von Fulda, der die Lesegenehmigung überbringen sollte. Aus unbekannten Gründen hatte der Reiter Verspätung. Der Ritt von Fulda bis zum Schloss dauerte ungewöhnlich lange. Jede andere Gemeinde im Rheingau entschied über den Zeitpunkt des Lesetermins selbst, nur die Johannisberger Mönche warteten wie auf glühenden Kohlen. Ohne die fürstbischöfliche Genehmigung durfte mit der Lese nicht begonnen werden. Währenddessen begannen die Trauben zu faulen, Botrytis breitete sich aus. Man rechnete mit dem Schlimmsten. Doch als der Bote endlich eintraf, die Trauben geerntet und der Wein vergoren war, waren alle überrascht, sogar begeistert. Der Jahrgang 1775 gilt als legendär. Die erste „Spätlese" der Weingeschichte war entstanden.

Heute muss kein Winzer mehr auf den Spätlese-Reiter warten. Sobald das Mindestmostgewicht erreicht ist, liegt es in seiner Hand, wann er mit der Ernte der Spätlesetrauben beginnt. Spätlesen sind Festtagsweine, brauchen aber nicht unbedingt den festtäglichen Rahmen, um Ihnen Freude zu bereiten!

SW

Spontangärung
(die)

Der Weinstil war in den vergangenen Jahrzehnten – in kleinen Schritten – ständigen Veränderungen unterworfen. Durch den Einsatz moderner Kellertechnik erzeugt man heute sehr jugendliche und fruchtbetonte Weine.

Wichtig für diesen modernen Weinstil ist vor allem der Einsatz von Reinzuchthefen. Diese speziell selektionierten Hefen haben bestimmte Eigenschaften. Die einen produzieren während der Gärung mehr sortentypische Aromastoffe, andere lassen Burgunderweine weicher und cremiger werden. Alle Reinzuchthefen besitzen so genannte „Killerfaktoren", das heißt sie unterdrücken fremde Hefen, damit der Winzer auch sicher sein kann, dass die von ihm eingesetzte Reinzuchthefe bei der Vergärung des Mostes auch wirklich das Rennen macht.

Kritiker dieser sogenannten „Reingärung" beanstanden, dass die so erzeugten Weine zu uniformiert sind, da die Reinzucht-Hefestämme in der Mehrzahl der Weingüter Anwendung finden und sich die Weine so auf einer breiten Basis geschmacklich annähern. Daher forcieren in den letzten Jahren einige Betriebe wieder die Spontangärung. Back to the Roots!

Nur traubeneigene, von Lage zu Lage oft unterschiedliche, Hefestämme sollen bei der Gärung zum Zug kommen. Es funktioniert! Viele der in entsprechenden Weinmagazinen hoch bepunkteten Weine, sind solche so genannte „Spontis". Gute Qualität verlangt vom Winzer allerdings viel Einsatz: Nur ganz gesunde, vollreife Trauben können bei optimalen Bedingungen und unter stetiger Kontrolle des Gärverlaufs, zu Spitzenweinen vergären.

Das Ergebnis der Spontangärung sind also keine Schoppenweine für den täglichen Genuss, sondern auserlesene, manchmal auch gewöhnungsbedürftige und umstrittene Tropfen, die dem Weintrinker noch ein weiteres Stück an Vielfalt bieten können.

SW

Straußwirtschaft
(die)

Straußwirtschaften findet man in fast allen deutschen Weinanbaugebieten. Dabei handelt sich um einen von Winzern und Weinbauern saisonal geöffneten Gastbetrieb, in dem sie ihre selbsterzeugten Weine zu festgelegten Zeiten direkt vermarkten können. Neben gaststättenähnlich eingerichteten Räumen findet sich auch die Scheune oder der Weinkeller, die mit einfachen Sitzbänken provisorisch umgebaut wurden.

Historisch wird die Bezeichnung von einem Erlass Karls des Großen aus dem Jahr 791 abgeleitet, in dem den Winzern angeblich der Betrieb von „Kranz"-Wirtschaften genehmigt wird, die durch einen ausgehängten Kranz aus Reben oder Efeu kenntlich gemacht werden. Regionale Bezeichnungen wie Besenwirtschaft, Besenschänke (Rheinhessen, Baden-Württemberg), Heckenwirtschaft (Franken) oder Rädlewirtschaft (Bodenseeregion) sind weit verbreitet und verweisen auf den historischen Hintergrund. Oft wird noch heute zum Zeichen, dass der Gastbetrieb geöffnet ist, ein mit bunten Bändern geschmückter Reisigbesen ausgehängt.

Bestimmte Auflagen sind einzuhalten. So muss unter anderem der Ausschankzeitraum (maximal vier Monate im Jahr) im voraus dem Gewerbeamt angezeigt werden. Die Ausschankzeit darf in zwei Zeiträume geteilt werden. Der Ausschank muss am Ort der Erzeugung erfolgen. Mit Ausnahme von Rheinland-Pfalz (keine Beschränkung) dürfen in der Regel maximal 40 Sitzplätze zur

Verfügung stehen. Neben Wein und Apfelwein muss mindestens ein alkoholfreies Getränk angeboten werden. In das Speisenangebot dürfen nur kalte und einfache warme Speisen aufgenommen werden. Neben typischen regionalen Spezialitäten wie Saumagen (Pfalz) oder Maultaschen (Württemberg) werden auch Hausmacher Wurst, Käse, Flamm- und Zwiebelkuchen angeboten.

JB

Sulfit (Salz der schwefligen Säure) *(das)*

Schwefel im Wein ist nichts Neues. Wein wurde schon vor 2000 Jahren geschwefelt und dies ist auch unbedingt notwendig, um einen qualitativ hochwertigen Wein zu erzeugen. Der Schwefel verhindert, dass Wein oxidiert und braun wird. Ebenfalls wirkt er keimhemmend und schützt vor schädlichen Bakterien und Schimmelpilzen. Dadurch erreicht man, dass der Wein gesund, frisch und lagerfähig bleibt und sich geschmacklich optimal entwickelt. Weine ganz ohne Schwefel gibt es nicht, da als Nebenprodukt der Gärung unter anderem Schwefeldioxid (SO_2) entsteht. Das Deutsche Weingesetz hat zulässige Höchstwerte der Schwefelzugabe, zwischen 175 und 400 Milligramm pro Liter, festgelegt. In der Praxis wird dies aber fast immer deutlich unterschritten.

Weine, die nach dem 25.11.2005 abgefüllt wurden und eine Sulfit-Konzentration von mehr als zehn Milligramm pro Liter enthalten, sind gemäß einer EU-Lebensmittelkennzeichnungsrichtlinie deklarationspflichtig. Sulfite sind an für sich keine richtigen Allergene, jedoch kann es bei besonders empfindlichen Personen zu Unverträglichkeiten kommen. Mögliche Allergieauslöser müssen auf den Verpackungen von Lebensmitteln aufgeführt werden. Dies wurde in einer 12-Punkte-Liste festgelegt, die dazu verpflichtet, neben Schwefelangaben auch Bestandteile von Eiweiß- oder Getreideprodukten zu kennzeichnen.

Der menschliche Körper ist den Umgang mit Sulfiten gewöhnt, denn er produziert täglich etwa 2500 Milligramm Schwefeldioxid aus Nahrungseiweißen und muss zusätzlich noch das Schwefeldioxid aus der Luft bewältigen. „Endogener Schwefel" ist demnach erheblich mehr vorhanden als der, der dem menschlichen Körper mit dem Wein zugeführt wird.

KS

Syrah
(der)

Syrah ist eine nicht sehr ertragreiche, aber hochwertige rote Rebsorte, die vor allem in sonnenreichen Regionen wie Südfrankreich, Australien und Kalifornien angebaut wird. Nach einer Legende stammt diese rote Rebsorte aus der uralten Stadt Shiraz (Schiras) im heutigen Iran (Persien). Von dort wurde sie angeblich von Römern oder Kreuzrittern nach Frankreich gebracht. Im Jahr 1998 wurde nachgewiesen, dass Syrah eine Kreuzung der alten französischen Sorten Dureza und Mondeuse blanche ist. Man vermutet sogar, dass Syrah ein Urenkel des Pinot noir (Spätburgunder) ist.

Die Rebe stellt keine besonderen Ansprüche an den Boden. Allerdings benötigt sie über die gesamte Entwicklungszeit der Trauben möglichst durchgängig Sonnenschein, der in der Reifeperiode wiederum nicht zu stark sein darf. Der Übergang von der Vollreife zu einer Überreife ist fließend und vollzieht sich sehr rasch. Bei perfekter Reife ist der Syrah für Weinkenner einer der größten Weine der Welt. Die Rebe liefert bei der klassischen Maischegärung einen dunkelfarbigen Wein, bei dem bereits in jungen Jahren die Tannine gut in die Weinstruktur eingebunden sind. Die körperreichen Syrah-Weine haben meist eine wunderbar sanfte Fruchtaromatik. Primäraromen sind vor allem Johannisbeere, Himbeere und Brombeere. Leicht rauchige Noten ergänzen diese primären Geschmacksmerkmale vortrefflich. Mit fortschreitender Reifung der Weine entstehen Sekundäraromen, die an Gewürze und Kräuter erinnern. Nach längerer Lagerung kommen als Tertiäraromen noch Schokolade und Lakritz hinzu.

Weltweit sind etwa 105.000 Hektar Rebfläche mit der roten Rebsorte bestockt. Aufgrund der weiten Verbreitung der Rebsorte ist auch die Liste der Synonyme umfangreich. Syrah ist auch unter dem Namen Antournerein, Blauer Syrah, Sirac oder Shiraz bekannt, um nur einige zu nennen. Die Rebe hat eine hohe Bedeutung erlangt und ist so begehrt, dass sie in die Nobilität der Weinwelt aufrückte und als Edelrebe bezeichnet wird. Im Weinanbaugebiet Pfalz ist die Sorte zur Zeit nur bei einzelnen Betrieben im Versuchsanbau anzutreffen und es kann vermutet werden, dass die Syrah-Rebe bereits in einigen Jahren das Sortenspektrum bereichern wird.

JB

Tafeltrauben

Terroir

Traubenkelter

Traubenkernöl

Trester

Trockenbeerenauslese

Trollschoppen

Typizität

Tafeltrauben
(die)

... stehen für Genuss und Lebensfreude, sie werden genascht und nicht gekeltert. Wir Deutsche sind Weltmeister im Traubenessen: insgesamt vier Kilogramm pro Kopf im Jahr. Einfach nur waschen, abzupfen und genießen. Sie regen die Darm- und Nierentätigkeit an, sind wirksam gegen Gicht und Fieber. 200 Gramm Trauben decken den Tagesbedarf an Vitaminen, Spurenelementen und Mineralstoffen ab. Früher war bei den alten Winzerinnen eine Traubenkur im Herbst ganz normal. Die entschlackende Wirkung ersetzte so manches Medikament und reinigte den Körper.

Tafeltrauben müssen jedoch noch ganz andere Anforderungen erfüllen. Außer der schönen Farbe, den gleichmäßig großen und möglichst kernlosen Beeren sollten sie auch ein festes Fruchtfleisch haben und lange haltbar sein. Tafeltrauben aus den Mittelmeerländern sind im Supermarkt fast das ganze Jahr über zu haben. Im Herbst gibt es die Tafeltraube aber auch bei uns, denn seit 2000 ist der Anbau auch in Deutschland erlaubt. Gelesen wird von August bis Oktober. Wenn die Tafeltrauben kühl gelagert werden, bleiben sie sogar bis Dezember köstlich. Die bekanntesten blauen Sorten sind „Muskat bleu" und „Nero", bei den weißen Sorten sind es „Palatina", „Lilla" und „Angela". Für Leckermäuler bieten sich die kernlosen „Lakemont seedless" an. Da die Pfälzer Tafeltrauben keine langen Transportwege zurücklegen müssen, können wir auf konservierende Chemikalien verzichten. Das schmeckt man nicht nur, es ist auch viel gesünder.

KS

Terroir
(das)

Unter Weinkennern wird das Wort sehr strapaziert. Begriffe wie „terroirbetont" oder „gut mineralisch" lassen uns wohl die Bodenzusammensetzungen erschmecken – aber was steckt wirklich dahinter?

Direkt übersetzt könnte man Terroir als Lage eines Weinbergs bezeichnen. Das reicht aber nicht aus. Die Ursprünge liegen in Burgund, wo Trauben kleinster Parzellen nach jahrhundertealten Traditionen einzeln zu Wein ausgebaut wurden. In diesen kleinsten Parzellen, die oft durch Mauern voneinander getrennt sind, herrschen verschiedene kleinklimatische Verhältnisse. Hinzu kommt natürlich der Jahrgang mit den Sonnenstunden, Niederschlägen und Temperaturen und, mit am wichtigsten, die

Handschrift des Winzers, die den „Terroirwein" prägt. Ohne Frage, der Boden hat Einfluss auf den Geschmack und die Aromen des Weines. Hier ist aber das Zusammenspiel all dieser Faktoren gefragt. Auch in der Pfalz wussten vor allem die „Alten", wo, das heißt in welcher Lage, der Wein am besten wächst. Diese Überlieferungen werden von jungen, aufstrebenden Winzern wieder erkannt und mit modernen Vinifikationsverfahren kombiniert, um besonders gute Weine hervorzubringen. Wein wird hauptsächlich im Wingert gemacht und nicht im Keller. Dies ist sicher eine Erkenntnis, die hin zur Qualität und Individualität unserer Weine führt. Unser Terroir ist sehr abwechslungsreich. Erkunden Sie die Pfalz und finden Sie Ihren „Terroirwein", denn nur Sie allein entscheiden, was Ihnen schmeckt und was nicht.

KS

Traubenkelter *(die)*

Der Begriff Traubenkelter kommt von den lateinischen Verb „calcare" und bedeutet „mit den Füßen stampfen". Das alte Bild der Mostgewinnung ist aber schon seit vielen Jahren verschwunden und existiert nur noch auf Fotos oder in der Werbung. Da krempelten sich die Leute die Hosen hoch und stiegen barfuss in die Weinbütten, um aus den Trauben den Saft zu stampfen. Das waren noch Zeiten! Heute sieht alles ganz anders aus, denn die Hygienevorschriften und die Erträge haben sich geändert.

Mit den Römern kamen die hölzernen Hebelpressen, die als Baumkelter oder Kelterbäume bekannt wurden. Ab den 60er Jahren hat die sogenannte Spindelpresse Einzug erhalten, die aber in den 80er Jahren von der Membran-Traubenpresse abgelöst wurde. Die Weinqualität ist unseren Winzern außerordentlich wichtig, sie legen Wert auf eine möglichst schonende Verarbeitung der Trauben und kurze Presszeiten. Während früher mit acht Bar gearbeitet wurde, sind es heute nur noch ungefähr zwei Bar Pressdruck. Bei den modernen Traubenkeltern wird eine Art Gummiball aufgeblasen, der die entrappten Beeren an den Innenwänden der Kelter ausdrückt.

Die Größe und Länge einer Traubenkelter entspricht etwa einem PKW; die Regel ist ein Presskorbinhalt von sechs Hektolitern. Eine Traubenkelter benötigt man aber immer nur im Herbst zur Weinlese. Trotzdem sind sie zu 70 Prozent Sonderanfertigungen und legen so manchen Vergleich mit der Ausstattung diverser Neuwagen nahe, auch was den Preis angeht. Aus ungefähr 115 Kilogramm Trauben erhält man 100 Liter Maische und daraus wiederum können 65 bis 85 Liter Most gewonnen werden. Die übrigen festen Bestandteile wie Schale, Samen oder Stiele bezeichnet man als Trester. Dieser wird gerne weiterverarbeitet, ob zu Tresterschnaps (Grappa) gebrannt, als natürlicher Dünger im Weinberg ausgebracht oder auch in getrockneter Form als Brennstoff verwendet. Somit ist die Traubenkelter ein richtiges Goldstück und eine wichtige Hilfe für den Winzer im Herbst.

KS

Traubenkernöl *(das)*

Traubenkernöl wird aus den Kernen der Weintrauben gewonnen, die entweder heiß oder kalt gepresst werden. Das gesündere ist das kalt gepresste Traubenkernöl, denn es hat den höchsten Anteil an ungesättigten Fettsäuren (etwa 85 Prozent) aller Pflanzenöle. Seine Farbe ist grünlich bis grüngolden und hat einen traubig-nussigen Geschmack, der die Gourmet-Küche verzaubert.

Traubenkernöl ist besonders zum Braten geeignet, denn es hat den Vorteil, dass es sehr hoch erhitzt werden kann, ohne dabei seine gesunden Eigenschaften zu verlieren. Als Salatdressing mit Winzeressig kombiniert schmeckt es ebenfalls gut.

Die Herstellung des Traubenkernöls ist sehr mühsam. Man benötigt 50 Kilogramm Traubenkerne, um gerade mal einen Liter Öl zu bekommen. Aber dieses hat es in sich. Neben vielen Vitaminen und gesunden Säuren ist es ein diätisches Nahrungsmittel. Gerade bei fettem Essen und Stress tut das Traubenkernöl gut. Man sagt ihm nach, dass es den Cholesterinspiegel senke, gegen die Alzheimer-Krankheit wirke und eine Krebs hemmende Wirkung habe. Abgesehen davon, kann das Traubenkernöl auch äußerlich Wunder wirken. Im Mittelalter wurde es als Jungbrunnen verkauft, der die Schönheit der Haut verbessere. Mein Wellness-Tipp: probieren Sie doch mal eine Massage mit warmem Traubenkernöl oder geben Sie einige Tropfen in ein Vollbad. Unglaublich wohltuend!

KS

Trester
(der)

Trester ist der vorwiegend feste Rückstand aus Pflanzenbestandteilen, die nach dem Auspressen der Trauben übrig bleiben. Der Begriff „Trester" wird meist in Verbindung mit dem Weinbau gebraucht und bezeichnet die zumeist sehr breiige Masse aus Traubenschalen, Fruchtfleisch, Kernen und auch, wenn diese nicht vorher entfernt wurden, Stielen nach dem Pressen. Trester entsteht jedoch auch beim Auspressen von Äpfeln oder bei der Olivenölherstellung.

Für den Pressrückstand der Weintraube werden auch Begriffe wie Lauer, Leier oder Treber(n) verwendet. Je nach Region sind lokale Bezeichnungen wie Bälisch (Mosel) oder Trasch sowie Träsch (Schweiz) üblich. Manchmal wird hinsichtlich der zu behandelnden Weinsorte in der Bezeichnung ein weiterer Unterschied gemacht. So bezeichnet Trester den Rückstand nach dem Pressen (dem Keltern) von Weißweinen, während mit Trebern der Rückstand nach der Gärung von Rotweinen gemeint ist. Die bei der Maischegärung eines Rotweines oben schwimmenden Bestandteile nennt man Tresterhut.

Bei der Traubenverarbeitung fallen aus 100 Litern Maische etwa 25 Kilogramm Trester an. Der feuchte Trester besteht aus etwa 75 Prozent Schalen und 25 Prozent Kernen. Trester-Rückstände können vielfältig genutzt werden. Im Weinbau werden Trester oft zur organischen Düngung im Weinberg verwendet oder zu Bränden, dem Tresterbrand, verarbeitet. Früher wurde aus dem Trester auch der Haustrunk erzeugt. Der alkoholarme und gerbstoffreiche Tresterwein wurde gerne als Durstlöscher getrunken und war das typische Getränk der Landarbeiter. Aber auch die Traubenkerne des Tresters sind verwertbar. Sie dienen der Traubenkernölerzeugung und finden als Traubenkernkissen sogar in der Medizin und Gesundheitsvorsorge Verwendung.

Dem allgemeinen Trend folgend werden Traubenkerne neuerdings sogar im Wellness-Bereich verstärkt genutzt. In der Wellness-Vinotherapie erfreuen sich Traubenkerne zunehmender Beliebtheit und werden hier in unterschiedlichsten Formen wie etwa dem Traubenkern-Öl-Peeling oder zur Traubenkern-Ölmassage angewendet.

JB

**Trockenbeeren-
auslese**
(die)

Edelsüße Weine entstehen, wenn der Zuckergehalt der Beeren durch die Wirkung der Edelfäule und einer rosinenartigen Eintrocknung in einem heißen Herbst hohe Werte erreicht. Wenn der Begriff „Beerenauslese" in früheren Zeiten nicht mehr ausreichte, um die Fülle ganz besonders auserlesener Weine ausdrucksvoll genug zu kennzeichnen, dann standen als Superlative noch Goldbeerenauslese und Edelbeerenauslese zur Verfügung.

Heute ist vom Gesetz nur noch die Bezeichnung „Trockenbeerenauslese" zugelassen. Trocken bedeutet in diesem Zusammenhang, dass die Trauben, aus denen der Wein gekeltert wurde, schon am Weinstock durch Edelfäule oder großer Wärme fast zu Rosinen geschrumpft sind. Der Pilzbefall bewirkt, dass winzige Poren in der Beerenhaut entstehen, durch die das Wasser langsam verdunstet. Inhaltsstoffe der Beeren werden so extrem konzentriert. Noch im Weingesetz von 1930 war dieser Begriff nicht amtlich definiert.

Die Trockenbeerenauslese ist eine der weltweit begehrtesten und am meisten imitierten Spezialitäten des deutschen Weinbaus. Auch wenn Erzeuger vor allem in zahlreichen Anbaugebieten in Ländern der Neuen Welt versucht haben, die Edelfäule und die daraus resultierenden Weine dieses Stils zu kopieren, die extreme Vielschichtigkeit und geschmackliche Dichte bei gleichzeitig niedrigem Alkoholgehalt ist nur wenigen gelungen. Trauben mit einem Mindestmostgewicht von 150° bis 154° Oechsle – je nach Anbaugebiet – dürfen auf dem Etikett mit dem Ausdruck „Trockenbeerenauslese" deklariert werden. Diese Weine haben dann einen natürlichen Restzucker von bis zu mehreren 100 Gramm pro Liter. Sie besitzen eine Alterungsfähigkeit von einigen Jahrzehnten und wegen seinem Raritätenstatus erzielt das „flüssige Gold" auf Versteigerungen Höchstpreise. Diese Weine muss man in ihrer Herrlichkeit kosten, denn sie gehen über das hinaus, was Worte in der Lage wären zu beschreiben.

SW

Trollschoppen
(der)

Der Trollschoppen ist ein wichtiges Wahrzeichen der Pfälzer. Er verkörpert Gastfreundschaft, Geselligkeit und den großen Durst. Der Schoppen ist in vielen Regionen von Deutschland mit einem Inhalt von 0,2 Litern bekannt, aber nur in der Pfalz fasst er die

0,5 Liter. Man vermutet, dass dieses Maß aus der Zeit der Bayern in der Pfalz stammt. Das Pfälzer Schoppenglas hat entweder eine zylindrische Form mit glatten Außenwänden oder die Form eines umgekehrten Kegelstumpfes mit kreisförmigen Vertiefungen, dann heißt es „Dubbeglas".

Hierzulande ist es Brauch, dass man den Trollschoppen gemeinsam aus einem Glas trinkt und dies dann reihum durch die Runde „trollen" lässt. Für einige bedeutet Trollschoppen aber auch der letzte Schoppen in der Runde, bevor man sich nach Hause trollt. Der Vorteil am „gemeinsamen Trinken" ist, dass man so weißen oder auch Rosé-Wein kalt genießen kann und er nicht warm wird…

Die sogenannte Pfälzer Friedenspfeife, ein anderer Name für den Trollschoppen, ist aus der Pfalz nicht wegzudenken: Man kann dies vor allem auf den Weinfesten feststellen. Die Tradition stammt vermutlich aus dem Mittelalter: Der Hausherr oder derjenige, der den Schoppen bezahlt, trinkt ihn zuerst an und reicht ihn danach in die Runde weiter. Somit sehen die anderen, dass der Trunk nicht vergiftet ist. Es gibt aber noch eine weitere Besonderheit: „Es darf nie nach dem Schoppen gegriffen werden, sondern er wird stets überreicht." So kann man einer Person in einem Kreis ohne Streit und Worte höflich vermitteln, dass sie nicht willkommen ist. Das ist hart, aber herzlich. So, wie die Pfälzer eben sind!

KS

Typizität
(die)

Mit dem Begriff der Typizität wird die Eigenschaft von Weinen bezeichnet, deren Aroma und Geschmack einem bestimmten Sorten- oder Terroircharakter entsprechen.

Bei Weinen mit den typisch primären Fruchtaromen bestimmter Rebsorten spricht man von „Sortencharakter" oder deklariert sie als „sortentypisch". Theoretisch zeigt jede Rebsorte von einem bestimmten Boden und Klima stammend ein eigenständiges, im Idealfall wiedererkennbares aromatisches und geschmackliches Profil. Weinfreunde erkennen sofort die Aromen, die bei einer Bukettsorte sofort die Nase streicheln. Auch der Riesling und zum Beispiel der Sauvignon blanc sind im Bezug auf ihre Aromastoffe einfach Charaktertypen!

Natürlich gibt es in der Praxis weder bei den Rebsorten, noch bei den Herkunftsbezeichnungen einen absoluten Idealtyp. Der Jahrgang, der Winzer und die momentane Mode beeinflussen jeden Wein mit ihrer jeweils eigenen Handschrift. Dennoch sollte beispielsweise ein Rheinriesling immer die typischen Pfirsich-, Apfel-, Zitrusfrucht- oder Aprikosenaromen zeigen und am Gaumen eine gute Balance zwischen markanter Säure und reichem Extrakt besitzen. Entspricht ein Wein diesen Anforderungen nicht, so wird dies als Qualitätsmangel betrachtet.

Der Begriff der Typizität ist in der Weinwelt jedoch nicht unumstritten. Vor allem in den 1970er- und 1980er-Jahren, als qualitätsbewusste Winzer in vielen Anbauregionen der Welt den traditionellen Weinbau neu ausrichteten, den Begriff der Weinbergs- und Kellerarbeit neu definierten, kamen andere Geschmackserlebnisse zum Vorschein. Durch die Verwendung von neuen Rebsorten, das Verfahren von kalt vergorenen Weinen und anderen innovativen kellertechnischen Methoden wurden die Weine einander immer ähnlicher, einem internationalen Stil angepasst. Dabei sollte die Botschaft der heute erzeugten Weine eindeutig sein: Herkunft zeigen!

SW

Vinissima

Vinothek

Vinissima
(die)

Vinissima ist ein Netzwerk von Weinfachfrauen, das 1991 gegründet wurde. Damals waren es sieben engagierte Frauen, die sich anfangs zu einem Stammtisch trafen und sich über die große und interessante Weinwelt austauschten. Doch mit der Zeit kamen immer mehr Frauen hinzu – Winzerinnen, Gastronominnen, Weinhändlerinnen oder Sommelièren, die miteinander diskutierten. Bald wurde beschlossen, eine Vereinigung zu gründen.

Inzwischen gibt es etwa 300 weibliche Vinissima-Mitglieder in ganz Deutschland. Die Bundesvorsitzende kommt sogar aus der Pfalz. Dieses Netzwerk ermöglicht es, von den Erfahrungen und Kenntnissen der einzelnen Sparten zu profitieren. Der gegenseitige Austausch führt zu Treffen wie beispielsweise Weinbergsbegehungen mit anschließender Weinprobe oder Exkursionen in internationale Weinanbaugebiete. Jedoch sind die Seminare der Vinissima liebstes Kind und oft halten eigene Mitglieder für Mitglieder aus anderen Berufszweigen Vorträge. Diese können vom biodynamischen Anbau über die Önologie bis zum Marketing reichen.

Der Höhepunkt jeden Jahres ist das Vinissima-Forum-Wochenende. Hier kommen alle Vinissima-Mitglieder zusammen und veranstalten dann sonntags eine große Weinverkostung, die auch für die Öffentlichkeit zugänglich ist.

Im Übrigen sind solche Weinfachfrauen-Netzwerke nicht nur in Deutschland zu finden. Weltweit wurden inzwischen unterschiedliche Ländervereinigungen von Frauen gegründet, die sich aktiv in der Weinbranche bewegen.

KS

Vinothek
(die)

Einfach ausgedrückt ist die Vinothek ein Geschäft, das Wein verkauft. Doch dahinter steht noch viel mehr; und die auf einer Podiumsdiskussion verwendete Beschreibung erklärt deren Funktion meines Erachtens viel zutreffender. „Vinotheken sind vielmehr ein Schaufenster und Kompass für Weinliebhaber sowie das Spiegelbild einer Region, der schönen Landschaft, des Weines und der Kultur".

Vinotheken verschaffen den Weinliebhabern einen einfachen Zugang zum Wein in unverwechselbarem Ambiente. Oft werden auch Artikel rund um den Wein oder regionale Spezialitäten in

Vinotheken angeboten. Im Ausland sind Vinotheken besonders erfolgreich und eine wichtige touristische Einrichtung. In Italien wird der Begriff „Enoteca" verwendet.

In einer Vinothek kann durch eine Degustation (Weinverkostung) der gewählte Wein probiert werden. Wein ist in! Wein ist Lifestyle und Kommunikationsmittel in einem! Wein ist Genuss pur; und diesen hohen Genuss können Kunden nicht nur beim Trinken des Weines erfahren und erleben, sondern auch beim Einkauf in einer schönen und modernen Atmosphäre. Grundsätzlich gibt es zwei Arten von Vinotheken. Beim Eigenvertrieb werden selbst hergestellte Weine vermarktet. Bei Orts-, Bezirks- oder Gebietsvinotheken handelt es sich um regionale Vinotheken, die sich auf Weine und Sekte aus einer Gemeinde, einem Bezirk oder einem Weinanbaugbiet beschränken. Eine Vinothek bietet somit die Möglichkeit, den Wein der Region zu erleben, zu verkosten und in kleinen Mengen gleich vor Ort oder anschließend beim Winzer zu kaufen.

Vinotheken stellen eine moderne Verbindung von Wein, Landschaft, Region und wundervollem Weingenuss in einer ansprechenden Umgebung dar. Als Ausdruck der Moderne, finden Vinotheken auch in der Pfalz immer mehr Zuspruch. Sie bündeln die Werbeanstrengung der Winzer und bieten beste Möglichkeiten für Weinpräsentationen. Nutzen Sie bei Ihrem nächsten Ausflug an die Deutsche Weinstraße einfach die Gelegenheit und besuchen Sie eine der vielen Vinotheken. Überzeugen sie sich selbst! Ich bin sicher, sie werden begeistert sein.

JB

Weinansprache

Weinaromen

Weinbergsbann

Weinbrand

Weinbruderschaft

Weingeist

Weinkönigin und Weinprinzessin

Weinsäure

Weinstein

Weißburgunder

Weißherbst

Winterbegrünung

Winzerbowle

Winzergenossenschaft

Winzersekt

Württemberg

Weinansprache
(die)

Die Weinansprache verwendet Begriffe, die einen Wein in seinen Charaktereigenschaften beschreiben und ist nicht zu verwechseln mit der Weinfachsprache, den „termini technici", den önologischen Fachbegriffen (Önologie ist die Wissenschaft von der Weinbereitung).

Schon in der Antike gab es eine Sprache der Weinverkoster. In der griechischen Literatur hat man etwa hundert Begriffe gefunden. Im Jahr 1801 übernahm der französische Chemiker Jean-Antoine Chaptal den in der griechischen Literatur wurzelnden Brauch der fantasiereichen und blumigen Weinansprache in die Moderne. Es erschienen insgesamt mehr als 60 Ausdrücke.

Zur Beschreibung der Weineigenschaften gebrauchen Winzer, Kellermeister, Sommeliers, Weinkritiker, Weinhändler etc. einen Wortschatz, mit dem sich die im Wein vorkommenden Inhaltsstoffe, ihr Zusammenspiel, der Zustand des jeweiligen Weines und vieles andere mehr erfassen lassen. Die Weinansprache dient zur Charakterisierung von Weinen und soll ermöglichen, die während des Verkostens gewonnenen Sinneseindrücke anderen mitzuteilen. Dies setzt allerdings voraus, dass die Sinneseindrücke auch von möglichst jedem gleich empfunden werden.

So ergibt sich die Problematik, dass mit ihr hauptsächlich der Geschmack beschrieben werden muss. Ein schwierige Aufgabe, da Geschmack immer subjektiv und nur durch Vergleiche möglich ist. Es wird kaum ein zweites Produkt mit so blumigen, aber auch den Laien verwirrenden Eigenschaften beschrieben wie der Wein. Da es abstrakte Spezialausdrücke gibt, muss ein unmittelbarer Bezug zum jeweils angesprochenen Wein hergestellt sein. Das bedeutet, dass die Weinansprache nur durch häufiges fachliches und sachgerechtes Probieren erlernt werden kann.

Die ursprüngliche Fachsprache der Winzer, die in einer Zeit entstand, als es noch wenig Technik und keine Weinbauschulen gab, war von der regionalen Mundart geprägt und wurde mündlich überliefert. Es gab eine große Vielfalt an Bezeichnungen, die heute keiner mehr kennt.

JB

Weinaromen
(die)

Weinaromen gehören zu den Geschmacks- und Geruchsstoffen, die unter den Begriff Sortenbukett fallen. Das Wort Aroma stammt aus dem griechischen und bedeutet Gewürz. Demnach ist der Gewürztraminer, wie es der Name schon sagt, eine ausgesprochene Aromasorte.

Der menschliche Geruchsinn bestimmt unser Leben viel mehr als es uns bewusst ist. Wohlbefinden, Sympathie, Stimmung und viele andere Empfindungen werden wesentlich von Gerüchen bestimmt. Auch beim Genuss von Wein spielt die Nase eine erhebliche Rolle. Das Aroma des Weins hat einen entscheidenden Einfluss, ob wir Wein mögen. Die Nase lässt auch, viel mehr als Aussehen und Geschmack, Rückschlüsse auf Rebsorten, Herkunft und Ausbau zu. Ein Wein kann bis zu 1000 Aromastoffe beinhalten, und davon sind nur etwa um die 20 Aromen sensorisch wahrnehmbar.

Wo kommen nun die Aromen im Wein eigentlich her? In der Weinliteratur unterscheidet man zwischen primären, sekundären oder tertiären Aromen. Genau diese Unterscheidung ist auch der Schlüssel zur Herkunft der Aromen, also der Substanz, die in gelöster Form den Geruchsinn beeinflussen.

Dornfelder

Bei den primären Aromen ist die Substanz bereits in der Traube enthalten. Unter den sekundären Aromen versteht man die aromabestimmenden Substanzen, die durch den Verarbeitungsprozess der Trauben (Traubenverarbeitung, Gärung, Ausbau) entstehen. Zu diesen erwünschten Aromatisierungen gehören zum Beispiel die Vanille- oder Röstaromen beim Barriqueausbau. Die tertiären Aromen entstehen erst während der Lagerung des Weins. Den Lageraromen ist auch der häufigste und bekannteste Fehlerton, der Korkschmecker, zuzuordnen.

Die Aromen sind bei der Sortenbeurteilung ein bedeutendes Qualitätsmerkmal und spielen bei der Sensorik eine große Rolle. Die Entwicklung der Aromen von der Traube bis zur Flasche kann durch eine Reihe weinbaulicher und kellerwirtschaftlicher Maßnahmen positiv beeinflusst werden. Hierzu gehören vor allem gesunde Trauben mit einem möglichst hohen Reifegrad, eine zügige Verarbeitung des Leseguts, nach Möglichkeit eine gezügelte Gärung sowie eine schonende Weinbehandlung. Unsere Weine sind heute ohne hochwertige und sortentypische Aromen nicht mehr denkbar. Aromen verzaubern und lassen uns zu

Weißburgunder

Aromaentdeckern im Glas werden. Es ist eine Faszination, den Wein in der Nase zu spüren und die Aromen über die Zunge tanzen zu lassen und sich zu fragen: Nach welchem Aroma schmeckt der Wein?

JB

Weinbergsbann
(der)

Im Weinbau wird die Reife gemeinsprachlich als das Stadium im Vegetationszyklus der Rebe bezeichnet, in dem ihre Früchte genuss- und verwendungsfähig sind.

Der Reifeprozess der Traube durchläuft mehrere Phasen. Ab dem Zeitpunkt der Blüte dauert es etwa hundert Tage bis zur Traubenreife. Wann diese Blütezeit jedoch beginnt und wie schnell die jeweiligen Stadien durchlaufen werden, ist witterungs- und sortenabhängig. Eine der schwierigsten, aber auch wichtigsten Entscheidungen des Winzers betrifft das Erkennen der optimalen Reife seiner Trauben und damit den Beginn der Weinlese.

Was heute also in der Verantwortung jedes Einzelnen liegt, wurde früher von den Gemeindeverwaltungen entschieden. Diese verfügten über einen sogenannten Weinbergsbann. Er bedeutete die kontrollierte Schließung der Weinberge in den Wochen vor der Ernte. Bildlich kann man sich das wirklich als echte Barrikade vorstellen! Teilweise wurden Zäune um Wingertszeilen errichtet oder Schranken auf Feldwegen niedergelassen. Wozu das Ganze, könnte man sich jetzt fragen. Was dem Einen nützt, das den Anderen schützt. Der Bann, der meist mit der beginnenden Traubenreife oder etwa vier Wochen vor dem in der Herbstordnung festgelegten Beginn der Ernte verfügt wurde, sollte unerlaubte Behandlungen der Rebstöcke verhindern und gleichzeitig Traubendiebe aus den Weinbergen fernhalten.

In Deutschland existiert der Bann seit der Abschaffung der Herbstordnung 1993 nicht mehr. Andere Länder, wie beispielsweise Frankreich (ban des vendanges: „Erntebann"), kennen ihn nur noch im Sinne des offiziell festgelegten Erntebeginns. Inwieweit dieser Bann jedoch von Nutzen war, ist fraglich. Für einige wild entschlossene Traubenliebhaber könnte er auch als Signal fungiert haben. Ganz nach dem Motto: Die Zeit ist reif...

SW

Weinbrand
(der)

Er ist eines der ältesten alkoholischen Destillate Europas. Im Altertum wurde es auch „aqua ardens oder aqua vitae" genannt, das „brennbares Wasser" bedeutet. In der Regel war der Brennvorgang den Apothekern und Ärzten vorbehalten. Das lag daran, dass die Vertreter dieser Berufsgruppen die meist lateinisch geschriebenen Herstellungsanleitungen, Rezepturen und Gebrauchshinweise zu lesen wussten.

In Deutschland wurde der Begriff „Weinbrand" erstmals von Hugo Asbach (1896) verwendet. Er bezeichnete sein Produkt damals „Cognac-Weinbrand". Jedoch wurde 1919 im Versailler Vertrag der Begriff „Cognac" für Frankreich geschützt. Nach dem heutigen EU-Spirituosenrecht muss der Alkoholgehalt im Weinbrand mindestens 38 Volumenprozent betragen, darf jedoch 50 Volumenprozent nicht übersteigen. Er wird in Eichenholzfässern eingelagert und hat eine Mindestreifezeit von sechs Monaten – falls das Fassungsvermögen 1000 Liter übersteigt, sind zwölf Monate vorgeschrieben. Im Gegensatz zu anderen Spirituosen muss Weinbrand amtlich geprüft werden und trägt eine Prüfungsnummer.

Der Pfälzer Weinbrand ist besonders begehrt und hat bereits viele Auszeichnungen erhalten. Der Wein, der aus den Pfälzer Trauben Morio-Muskat und Müller-Thurgau stammt, wird nach dem traditionellen Brennverfahren destilliert und liegt anschließend mehrere Reifejahre im Eichenholzfass. Der Hinweis auf dem Etikett VVSOP (very very superior old pale) oder XO (extra old) weist auf die besondere Qualität des Weinbrandes hin.

KS

Weinbruderschaft der Pfalz
(die)

Vor fast 70 Jahren fing alles am Stammtisch einer kleinen Runde im Neustadter Lokal „Winzereck" an. Dort, wo sich regelmäßig Freunde des Weines aus Neustadt und Umgebung trafen, wurde (1941) auch die Idee geboren, eine Kumpanei der „Landesknechte der Weinstraße" zu bilden. Die etwa 30 Personen starke Gemeinschaft, der auch Daniel Meininger und Leopold Reitz, angehörten, hatte ihr besonderes Zeremoniell und folgenden Schlachtruf: „De Lappe-de Bolle-de Zisch!"

Nachdem man während des Krieges mehrmals das Tagungslokal wechseln musste, fand die Gemeinschaft nach Kriegsende im Nebenzimmer des „Neustadter Künstlerkeller" ein längere Bleibe, wo auch Journalisten ihren Presse-Stammtisch abhielten. Neben Stil, Atmosphäre und Ausstrahlung, trug sicherlich auch die räumliche Enge des Künstlerkellers dazu bei, dass sich beide Kreise, die „Urväter der Weinbruderschaft der Pfalz" näher kamen. Die Idee, die Gruppen zusammenzuschließen, hatte Leopold Reitz, der erste Ordensmeister der Bruderschaft.

Am Nikolaustag 1954 wurde dann die Gemeinschaft mit neuem Namen „Weinbruderschaft der Pfalz" geboren, übrigens die erste ihrer Art in Deutschland. „Die Weinbruderschaft hat es sich zur Aufgabe gestellt, den Ruf und Genuss des Weines, insbesondere des Pfalzweins durch Hebung der Weinkultur in Wort, Schrift und Tat zu fördern." Als „Weingewissen der Pfalz" versteht sie sich aber auch als Fürsprecher für den ehrlichen Wein. In nur 10 Jahren wurden aus 26 Gründungsmitgliedern 400 Weinbrüder. Heute gehören mehr als 1000 Weinliebhaber der Weinbruderschaft an.

Die Weinbruderschaft wirkte in all den Jahren in vielfältigster Weise für den deutschen Wein und knüpfte mit Erfolg deutsche und ausländische Verbindungen. Als Symbol verwendet sie den Rebstock mit Traube auf einem Wappenschild, darüber der Wahlspruch „IN VITE VITA" (im Weinstock das Leben). Im Jahr 2004 feierte die Weinbruderschaft ihr 50jähriges Bestehen.

Knapp 30 Jahre stand Dr. Theo Becker, dem 2001 der Ehrentitel „Großmeister" verliehen wurde, der Weinbruderschaft als Ordensmeister vor. Im Jahr 2002 führte Dr. Theo Becker seinen Nachfolger Dr. Fritz Schumann in das Amt des Ordensmeisters ein. Bei jeder Veranstaltung spürt man die Begeisterung und die Liebe für sowie das große Wissen über den Pfälzer Wein.

JB

Weingeist
(der)

Weingeist – was ist das eigentlich? Ist das ein Geist, der in den Weinbergen herumspukt? Weingeist oder Spiritus (lateinisch „Geist") sind alte umgangssprachliche Bezeichnungen für den Alkohol oder auch Ethanol. Ethanol ist eine farblose, leichtentzündliche, angenehm riechende und brennend schmeckende Flüssigkeit, die bei der alkoholischen Gärung zuckerhaltiger Säfte (Fruchtsäfte) entsteht.

Die Menschen wurden schon im früh auf diese Substanz aufmerksam. So finden sich in ägyptischen Schriftrollen Hinweise auf die Herstellung alkoholischer Getränke. Auch in der Bibel wird der Alkohol erwähnt. Weine wurden jahrtausendelang mit Hilfe der natürlich vorkommenden Wildhefen erzeugt. Bedingt durch jahrzehntelange Selektion produzieren die heutigen, kommerziell erhältlichen Reinzuchthefen, höhere Alkoholgehalte. In der Antike wurde der Wein schließlich ein wesentlicher Bestandteil römischer und griechischer Kultur. Beide Zivilisationen bedachten ihn mit einer eigenen Gottheit (Bacchus/Dionysos). Die Germanen sahen den Honigwein Met, der ebenfalls zu den frühesten alkoholischen Getränken gehört, als Geschenk der Götter an. Vermutlich wurde im Gebiet der heutigen Türkei um etwa 1000 n. Chr. die Destillation von Wein zur Herstellung hochprozentiger Branntweine entwickelt. So war es möglich, den Spiritus vini (Geist des Weines) aus Wein herzustellen. Zum ersten Mal ist die Gewinnung von reinem Alkohol einem persischen Arzt und Naturwissenschaftler durch die Destillation von Wein gelungen.

Alkohol entsteht unter anderem bei der Vergärung von zucker- oder stärkehaltigen Substanzen durch Hefe. Dieser Prozess wird kontrolliert mit einer Reihe von Nahrungsmitteln durchgeführt, wodurch zum Beispiel Wein aus Traubensaft entsteht. Eine nicht unerhebliche Menge des durch die alkoholische Gärung gewonnenen Ethanols wird für Genusszwecke verkonsumiert. Ein Alkoholgehalt im mittleren Bereich unterstreicht die Frucht und Eleganz eines Weines optimal. Die Mindestalkoholwerte bei der Weinbereitung sind je nach Anbaugebiet, Rebsorte und Qualitätsstufe unterschiedlich geregelt.

Viele Winzer haben in den letzten Jahren ihre ohnehin schon attraktive Produktpalette um exklusive Destillate aus eigener Herstellung erfolgreich erweitert oder ergänzt. Durch Destillation wird der Alkoholgehalt erhöht, darüber hinaus kann auch nahezu reiner Alkohol (Azeotrop) gewonnen werden. Solche Getränke bezeichnet man als Spirituosen (Trester-Schnaps, Cognac oder Rum). Bei Likören handelt es sich um Spirituosen, denen nach der Destillation Zucker und natürliche Aromen (Aromastoffe) zugesetzt werden.

JB

Weinkönigin und Weinprinzessin
(die)

Weinköniginnen und Weinprinzessinnen sind in den 30er Jahren von den Pfälzern „ins Leben gerufen" worden. Diese Zeit war für die Winzer und den Wein recht schwierig. Ein hübsches Mädchen sollte für den Wein werben. Die ersten Weinhoheiten waren damals mit recht üppigen Dirndln und Zwei-Liter-Römern ausgestattet. Dieses große Weinglas wurde herumgereicht, damit die Anwesenden den guten Wein kosten konnten. Die erste Krone war mit vielen Trauben und Laub verziert. Die jungen Hoheiten hatten zur damaligen Zeit von der Krone bis zum Weinglas recht viele Gewichte zu tragen und nur wenige Worte in Form eines kurzen Grußwortes und Weinspruches zu sagen.

Im Laufe der Jahre hat sich einiges geändert: Die Krone wurde zum Diadem, und das Dirndl ging in Landhausmode bis zum Galakleid oder Hosenanzug über. Heutzutage sollte im Kleiderschrank einer Weinhoheit von allem etwas hängen. Denn die Veranstaltungen im Auftrag des Weines sind sehr unterschiedlich geworden. Von Weinfesteröffnungen, Benefizveranstaltungen über Touristik- und Weinmessen, Weinverkostungen und Weinproben bis hin zu Radio- und Fernsehinterviews steht alles auf dem Programm. Von einer Weinbotschafterin wird man immer mehr zur Weinfachfrau: Auf vielen Veranstaltungen haben Gäste Fragen zum Wein und zur Pfalz. Pfälzer Weinkönigin zu sein ist spannend, abwechslungsreich und aufregend. Die Termine finden nicht nur in der Pfalz, sondern deutschlandweit, zuweilen sogar im Ausland statt. Liebhaber des Pfälzer Weins findet man überall, und als Weinhoheit hat man immer die wunderbaren und vielfältigen Weine unserer Winzer im Gepäck, die die Menschen überall begeistern.

KS

Weinsäure
(die)

Weinsäure ist eine im Traubensaft und im Saft vieler Früchte natürlich vorkommende Säure, die gerne auch als „Genusssäure" bezeichnet wird. Sie spielt hinsichtlich des Geschmacks des Weines eine große Rolle und ist für den Winzer und den Weingenießer sehr wichtig. Die Weinsäure ist eine hochwertige und erwünschte Säure, die einen Teil der Gesamtsäure des Weines ausmacht. In Deutschland wird auch der Gesamtsäuregehalt von Weinen als Weinsäure berechnet, obgleich im Wein noch eine große Anzahl anderer Säuren, vor allem Apfelsäure, vorhanden ist. Ein hoher Weinsäuregehalt ist immer auch ein Kennzeichen von hoher Traubenreife und kommt vor allem in großen Weinjahrgängen vor.

Weinsäure wird technisch aus den Rückständen der Weinbereitung gewonnen. Im Trester sind etwa drei bis fünf Prozent, und im Hefetrub bis zu 20 Prozent Weinsäure vorhanden. Bei der Weinherstellung scheiden sich schwerlösliche Salze (Tartrate) der Weinsäure als Weinstein am Boden von Weinfässern oder Weinflaschen ab. Früher sagte man auch „Weinsternchen" oder „Weinkristall" dazu. Dem modernen, aufgeklärten Weinkonsumenten werden die beschriebenen Kristallausscheidungen einen besonderen Kaufanreiz bieten. Weinstein ist immer ein Kennzeichen einer verantwortungsbewussten und naturverbundenen Kellerwirtschaft.

Weinsäure läst sich auch mittels chemischer Verfahren aus Weinstein und Pflanzenrückständen herstellen. Etwa die Hälfte der so gewonnenen Weinsäure geht in die Lebensmittelindustrie und Pharmazie, der Rest in technische Anwendungsgebiete. Die in der EU als Lebensmittelzusatzstoff der Nummer E 334 zugelassene Weinsäure findet sich nicht nur natürlicherweise in vielen Lebensmitteln, sondern wird aufgrund ihrer geschmacklichen und konservierenden Eigenschaften auch vielen Lebensmitteln künstlich zugesetzt. Weinsäure wird zum Beispiel bei der Bereitung von Speiseeis, Kunsthonig, Obst, Limonaden und Erfrischungsgetränken sowie Konditorwaren verwendet.

JB

Weinstein
(der)

Wenn eine Flasche Wein entkorkt wird, findet man hin und wieder am Korkspiegel oder in der Flasche winzige, glänzende Kristalle. Diese Kristalle nennt der Fachmann Weinstein. Er entsteht durch die Verbindung von Weinsäure mit Kalzium und Kalium. Das sind Stoffe, die im Wein von Natur aus vorhanden sind. Kalium gilt als Mineralstoff von gesundheitlichem Wert, Weinsäure als Hinweis auf besonders ausgeprägte Reife.

Dies bedeutet: je reifer die Trauben sind, desto größer ist der Anteil an Weinsäure. Je länger die Trauben am Rebstock reifen, desto länger haben sie Zeit, aus dem Boden viele Mineralien wie etwa Kalium aufzunehmen. Weinstein ist daher eher ein natürliches Zeichen von Qualität. Gerade hier in der Pfalz gibt es sehr mineralische Böden, ideal für gesunde, kräftige Weine, die sich ab und zu gerne mit Weinstein präsentieren.

Im größeren Umfang fällt Weinstein beim Weinausbau im Keller an. In alten Holzfässern findet man zentimeterdicke Weinsteinablagerungen, eine Ansammlung von Millionen kleiner Kristalle. Damit der Weinstein in der Flasche zurück bleibt, muss der Wein vorsichtig ausgegossen werden. Rotwein kann man in eine Karaffe dekantieren. Weißwein sollte man vorsichtig direkt aus der Flasche in das Glas einschenken. Weinstein wird übrigens in der Industrie als wertvoller Rohstoff verwendet. Feingemahlen findet man ihn im Backpulver oder in Arzneimitteln zur Linderung von Verdauungsstörungen, sogar als Silberputzmittel wird er eingesetzt.

KS

Weißburgunder
(der)

Der Ursprung dieser Weißwein-Rebsorte liegt im 14. Jahrhundert in Frankreich. Sie zählt zur großen Familie der Burgundersorten und ist eine Fortsetzung der Mutationskette von rotem Spätburgunder zum Grauburgunder. Die deutschen Winzer entdecken immer mehr den Wert dieser eleganten Rebsorte. Seit mehreren Jahrzehnten wird ein stetiger Aufwärtstrend beobachtet. Dies bedeutete eine Verdopplung der Rebfläche innerhalb der letzten zehn Jahre. Aktuell sind 3.500 Hektar oder gut 3,5 Prozent der Rebflächen Deutschlands mit Weißburgunder bestockt. Das Anbaugebiet Baden gilt als eine Hochburg des Weißburgunders, ebenso die Pfalz und Rheinhessen.

Er stellt große Ansprüche an Boden und Klima. Die Rebsorte bevorzugt warme, möglichst tiefgründige und kräftige Böden sowie trockene und warme Lagen. Im Anbau bereitet der Weißburgunder kaum Probleme und kann durch lange Reifezeit hohe Mostgewichte erreichen. Der Wein präsentiert sich blass- bis hellgelb im Glas und sein Duft ist zart und verhalten. Er besitzt ein dezentes Aroma, das häufig an grüne Nüsse, Birne, Quitte, Aprikose oder frische Melonen erinnert.

Elegante Weißburgunder, trocken ausgebaut, mit frischer Säure und feiner Frucht sind ideale Menüweine, die besonders gut mit leichter Küche harmonieren und in der Spargelsaison sehr beliebt sind. Neben leichten Sommerweinen finden sich kraftvolle Abfüllungen bis hin zu trockenen Prädikatsweinen, wobei im Spät- und Auslesebereich auch Barriqueweine erzeugt werden können. Als Barriqueweine sollten sie jedoch, obwohl es dafür hier keine gesetzlichen Vorgaben gibt, mindestens die Qualitätsstufe „Auslese" aufweisen. Zudem sind edelsüße Weine und erfrischende Weißburgundersekte in begrenzter Anzahl verfügbar.

JB

Weißherbst
(der)

Weißherbst ist nicht gleich Rosé, da gibt es einige Unterschiede. Das deutsche Weingesetz hat dafür klare Regelungen getroffen. Während Roséweine auch Tafelweine umfassen können, ist der Weißherbst stets ein Qualitätswein mit oder ohne Prädikat. Bei Roséweinen darf man verschiedene Rebsorten mischen, während der Weißherbst absolut sortenrein sein muss, das heißt, es dürfen nur Trauben aus einer roten Rebsorte verwendet werden.

Bei uns in der Pfalz sind hierfür besonders der Portugieser, der Spätburgunder oder die Heroldrebe bekannt, die dann als Rebsorte immer auf dem Etikett angegeben werden. Der Begriff „Rosé" ist international bekannt, während die Weißherbste nur aus sieben deutschen Weinanbaugebieten stammen dürfen und den strengen deutschen Richtlinien unterliegen. Jedoch darf man ihn nicht mit Rotling oder Schillerwein verwechseln. Für diese Weine werden weiße und rote Traubensorten gemischt.

Weit verbreitet ist auch die Meinung, der „Weißherbst" käme daher, dass rote Trauben weiß geherbstet werden. Dies stimmt nicht. Im Gegensatz zu dem Verfahren der Rotweinbereitung werden hier die rot geherbsteten Trauben direkt auf der Kelter gepresst, sodass weniger Farb- und Gerbstoffe in den Wein gelangen. Dadurch hat der Weißherbst nur eine hellrote Färbung und ähnelt im Geschmack wie auch in der Herstellungsmethode den Weißweinen.

Weißherbste sollten bei etwa zehn Grad serviert werden. Sie sind dann erfrischende Durstlöscher, die gerade bei sommerlichen Temperaturen auf Weinfesten sehr beliebt sind.

KS

Winterbegrünung
(die)

Wandert man zu winterlicher Zeit oder im Frühjahr durch die Weinberge, kann man sie als grünen Fleck in der noch grauen Landschaft ausmachen. Diese Winterbegrünung wurde bereits im August eingesät.

Ihre Aufgaben haben sich in den letzten Jahren grundlegend geändert. War sie lediglich eine Oberflächenabdeckung, Erosionsschutz und eine Maßnahme zur besseren Mechanisierung, kann man ihr heute weitaus mehr Funktionen zuschreiben. Welchen Zweck sie jedoch letzten Endes erfüllt, liegt zunächst in der Hand des Winzers, wenn er entscheidet, welche Pflanzen seinen Wingert begrünen sollen.

Die Auswahl richtet sich nach den Standortbedingungen, der Traubenlesetechnik und dem Saattermin. In Junganlagen mit frisch gelockerten Böden findet man meistens tiefwurzelnde Pflanzen, zum Beispiel den Ölrettich. An erosionsgefährdeten Standorten sind sich schnell entwickelnde Pflanzen mit guter Flächendeckung gefragt, wie das Weidegras oder Roggen. Durch diese Methode zur Erhöhung der Artenvielfalt wird das System der Monokultur gebrochen, Nützlinge angelockt und das Bodenleben regelrecht beflügelt. Der Weinberg kann einen großen Teil seines Humusbedarfs nun selbst decken.

Eine besondere Art der Nährstofflieferanten sind die so genannten Leguminosen. Die Knöllchenbakterien an den Wurzeln der Hülsenfrüchte und verschiedenen Arten von Klee sind in der Lage, den Stickstoff aus der Luft zu binden und im Boden anzureichern. Winterbegrünung ist aus dem Weinbau nicht mehr wegzudenken. Es gibt keine Pflanze für alle Fälle. Für den Winzer ist es also immer ein Ringen, die optimale Mischung für den jeweiligen Weinberg einzusäen.

SW

Winzerbowle
(die)

Die Winzerbowle ist ein besonders fruchtiger und erfrischender Genuss in der heißen Sommerzeit. Jedoch gibt es auch hier einige Regeln zu beachten. Mit einer guten Winzerbowle möchte man seine Gäste begeistern und sie nicht am nächsten Tag mit Schmerztabletten versorgen müssen.

Eine Winzerbowle schmeckt am besten, wenn der Wein und auch der Winzersekt von der gleichen Rebsorte sind. Besonders eignen sich dazu neutrale Reben wie Silvaner, Rivaner oder ein spritziger Riesling. Der Winzersekt sollte die Geschmacksrichtung brut oder extra brut haben, die Weine sollten am besten trocken oder halbtrocken sein. Mein Geheimtipp: Weißherbst oder Rosé, denn die sorgen gleichermaßen für reizvolle Geschmacks- und Farberlebnisse. Ein Tabu sind Eiswürfel. Lieber die Winzerbowle im Kühlschrank langsam herunterkühlen, damit sie nicht nur kalt wird, sondern auch „ziehen" kann.

Mit Zucker sollte man – wegen der Kopfschmerzen – sehr sparsam umgehen! Eine angenehme Süße erreicht man am besten mit kleingeschnittenem, frischem Obst, von dem es in der Pfalz ja bekanntlich im Sommer jede Menge gibt.

Interessant kann auch ein Schuss von Pfälzer Edelbränden sein. Dieser belässt den Früchten nicht nur die nötige Form und Farbe, sondern ist für einige Genießer auch das i-Tüpfelchen. Und wer die Winzerbowle frisch und spritzig auf den Tisch bringen möchte, der gibt den gut gekühlten Sekt erst kurz vor dem Servieren hinzu.

KS

Winzergenossenschaften, auch Weingärtner, Winzerkeller, Winzerverein etc. genannt, die sich um den Wein kümmern, können verschiedene Namen tragen. Aber der Ursprung ist immer der gleiche: Sie sind ein Zusammenschluss von Winzern, die sich besonders im ersten Jahrzehnt des letzten Jahrhunderts an den Ausführungen von Friedrich W. Raiffeisen orientierten. Damals waren die wirtschaftlichen und politischen Veränderungen des beginnenden Industriezeitalters für den deutschen Weinbau und die Winzer problematisch. So setzte man sich gemeinsam ein Ziel. Der Winzer pflegt das Jahr über seinen Weinberg, liefert dann im Herbst seine Trauben bei der Genossenschaft ab und wird für die Qualität bezahlt. Die Genossenschaft übernimmt wiederum die Verantwortung, die Trauben mit moderner Kellertechnik optimal zu verarbeiten. Der daraus entstandene Wein wird anschließend von der Winzergenossenschaft mit Hilfe von professionellem Marketing an die Kunden verkauft und ausgeliefert.

Bei uns in Deutschland sind Winzergenossenschaften am häufigsten in Baden, Württemberg, in der Pfalz und Saale-Unstrut

Winzergenossenschaft *(die)*

anzutreffen. Die größte befindet sich in Baden (Badischer Winzerkeller) und die älteste an der Ahr (WG Mayschoß-Altenahr).

Winzergenossenschaften sind heute unverzichtbare Organisationen. Oftmals haben gerade sie die Kapazität, große Absatzmärkte im In- und Ausland zu beliefern. Viele Winzergenossenschaften haben hervorragende Produkte und Spitzenqualitäten im Angebot.

KS

Winzersekt
(der)

Der Begriff „Winzersekt" steht für Spitzenqualität unter den Schaumweinen. Er ist in der Schaumweinverordnung der EG genau geregelt und mit hohen Anforderungen definiert. Der Winzersekt muss aus Grundweinen des Weinbaubetriebes hergestellt werden, die ausschließlich aus selbsterzeugten Trauben des Betriebes stammen.

Der Begriff ist wie zum Beispiel beim französischen „Crémant" ausschließlich den Sekten vorbehalten, die nach dem „klassischen Flaschengärverfahren" hergestellt werden. Das heißt, dass die zweite alkoholische Gärung in der Flasche erfolgen und der Sekt vor dem Entfernen des Hefepfropfens, dem Degorgieren, mindestens neun Monate gelagert werden muss. Einige Winzersekte ruhen sogar noch länger als vorgeschrieben auf der Hefe, um daraus Spitzencuvées zu erhalten. Die Versektung im Auftrag durch Erzeugergemeinschaften oder Lohnfüller ist zulässig, insofern Trauben, Traubenmost beziehungsweise fertig ausgebaute

A B C D E F G H I J K L M N O P Q R S T U V **W** X Y Z

Grundweine verwendet werden. Das Etikett der Sektflasche muss Angaben über den Weinbaubetrieb, die Rebsorte und den Jahrgang enthalten.

Ein Glas Winzersekt spiegelt die Lebensart der Pfälzer und der gesamten Region wider. Der Winzersekt zaubert ein prickelndes Vergnügen ins Glas und bereitet Freude und Genuss zu allen Festlichkeiten.

JB

„Stuttgart ist die Landeshauptstadt von Baden-... A) Würtenberg B) Württemberg C) Würtemberg oder D) Württtemberg?" lautete eine 500-Euro-Frage bei der Quiz-Sendung „Wer wird Millionär?". Dass die damals zu zweit spielenden Kandidaten erst mal einen Joker aufwenden mussten, um dann die Frage mit gerunzelter Stirn zu beantworten, ist Beweis genug, dass es auf diesem Gebiet noch Aufklärungsbedarf gibt.

Württemberg

Die Baden-Württemberger verstehen sich selbst als Rotweintrinker und mit diesen Augen werden sie von der ganzen Welt gesehen. Die „Trollingerschlotzer", wie man in Württemberg so lautmalerisch sagt. Wein wird hier vor allem im Neckartal und auf den angrenzenden Hügeln erzeugt. Die Ausläufer des rund 11.300 Hektar großen Anbaugebiets reichen im Nordosten bis ins Taubertal und im Süden bis nach Tübingen und Reutlingen, mit einer kleinen Insel am Bodensee. Dem kühlen und kontinentalen Klima wirken einzig die Flüsse der Region mäßigend entgegen. Dementsprechend können auch die Schwaben den Riesling nicht verleugnen, der mit dem Trollinger die Spitze des Rebsortenspiegels bestimmt. Interessant ist auch: Was bei uns Lemberger heißt, wird in Österreich „Blaufränkisch" genannt. Der Trollinger wiederum ist in seiner Heimatregion Südtirol wenig klangvoll aber präzise als „Vernatsch" bekannt. Lange Zeit schienen die zwar gefälligen und süffigen, selten aber wirklich interessanten Rotweine, Württembergs Schicksal zu sein. Doch das ist längst vorbei! Intensive Rote von internationalem Niveau bestimmen das Charakterbild der Württemberger Weine. Bei so manchem Lemberger-Solo kann man einfach nur ins Schwärmen kommen.

SW

163

Trockene Rieslinge als Spezialität
Weingut Faubel

Weingut Faubel
Marktstraße 86
67487 Maikammer
Tel. 0 63 21/50 48
Fax 0 63 21/5 73 88
info@weingut-faubel.de
www.weingut-faubel.de

Wenn Familie Faubel vom Weingut Faubel in Maikammer nur die im letzten Jahrzehnt verliehenen Urkunden und Medaillen, dazu die lobpreisenden Artikel aus Zeitungen, Zeitschriften und Büchern in der ebenso gemütlichen wie einladenden Weinprobierstube an die Wände hängen würde, wäre für anderes kein Platz mehr. Aber das Protzen liegt Gerd Faubel und seiner Frau Silke nicht, und die nach wie vor sehr aktiven Eltern des Betriebsinhabers, Heinz und Christa Faubel, gehören ebenfalls zu den Bescheidenen. Statt über die Erfolge zu reden, lassen die Winzersleute aus dem traditionsreichen Weingut lieber ihre Weine sprechen. Und die sind nun einmal von besonderer Qualität.

Es würde den Faubels nie in den Sinn kommen, den Kunden wortreich zu erzählen, dass ihr Weingut seit Jahren von einigen namhaften Weinmagazinen zu den 100 besten Betrieben in Deutschland gezählt wird. Den Tropfen aus dem Haus, in dem seit 1635 Weinbau betrieben wird, wird von Kritikern bescheinigt, sie stellten „eine wunderbare Balance zwischen Frucht, Frische und Mineralität" dar (Buch „Die Pfalz im Glas"). Der „Gault Millau" schreibt: „Der Ehrgeiz der Familie ist unverkennbar und von Erfolg gekrönt."

Zu den von Kunden in ganz Deutschland geschätzten Spezialitäten des Weingut Faubel gehören vor allem trockene Rieslinge, aber auch die weißen Burgundersorten, elegant ausgebaute Rotweine und spritzige Sekte. Die Rebfläche beträgt 25 Hektar in Maikammer, Haardt und Gimmeldingen. Gästezimmer im hauseigenen „Landhaus" stehen nicht nur bei Kunden hoch im Kurs. Wer je eine trockene Riesling-Spätlese der Faubels getrunken hat, erinnert sich – zungeschnalzend – noch lange daran.

Ein riesiges Rebenmeer
Die Urlaubsregion Freinsheim

Richtiges Meer hat die Urlaubsregion Freinsheim mit dem historisch interessanten Städtchen Freinsheim und den Weinorten Kallstadt, Herxheim am Berg, Dackenheim, Bobenheim am Berg, Erpolzheim, Weisenheim am Berg und Weisenheim am Sand nicht zu bieten. Dafür aber ein riesiges Rebenmeer, das vor allem die Menschen anlockt, die kein Interesse an Strand haben, dafür aber den Wein schätzen. Und den finden sie hier in ausreichender Menge.

Wer nun glaubt, diese Urlaubsregion hätte nur Wein zu bieten, war noch nie vor Ort. Ihm (ihr) sei geraten, sich einmal umzusehen und zu informieren - und er (sie) wird aus dem Staunen nicht herauskommen. Die Weinberge prägen die Landschaft. Sie laden aber nicht nur zu Spaziergängen ein sondern auch zu Fahrten im Planwagen oder in der Kutsche. Freinsheim ist mit seiner wunderschönen Altstadt und der komplett erhaltenen Stadtmauer der Mittelpunkt. Aber auch die anderen Orte bieten Reizvolles.

Aus der Fülle des Angebots seien nur ein paar stellvertretend herausgegriffen. In Kallstadt kann man Saumagen sowohl essen als auch trinken (der Wein stammt aus der gleichnamigen Lage). In Herxheim am Berg findet immer am Reformationstag eine Biblische Weinprobe statt. Weltlicher geht es bei den fünf Kulinarischen Wanderungen im Jahr zu, das sind kilometerlange Weinfeste direkt „im Wingert". Quasi zwischen den Reben kann in Dackenheim Golf gespielt werden. Die Weinprinzessinnen der Region organisieren und besprechen Weinproben und beweisen, dass sie auch fachlich einiges drauf haben. „Wer bei uns Urlaub macht und Langweile bekommt, ist selbst schuld", sagen die Einheimischen. Recht haben sie, denn es wird mehr geboten, als viele (bisher) wussten.

i-Punkt Kallstadt,
Weinstraße 111
67169 Kallstadt
Tel. 0 63 22/66 78 38
Fax 0 63 22/66 78 40

i-Punkt Freinsheim
Hauptstraße 2
67251 Freinsheim
Tel. 0 63 53/98 92 94
Fax 0 63 53/98 99 04
touristik@vg-freinsheim.de
www.freinsheim.de

Seine Dessertweine sind die Spitze
Weingut Frey & Söhne

Jürgen Frey

Weingut Frey & Söhne
Spanierstr. 1/2/9
76879 Essingen
Tel. 0 63 47/82 24
Fax 0 63 47/72 90
info@weingut-frey.com
www.weingut-frey.com

Wenn irgendwo von Dessertweinen, von Trockenbeerenauslesen oder von Eisweinen die Rede ist, darf ein Name nicht fehlen: der des Essinger Weinguts Winfried Frey und Söhne. Er hat sich in dem sicher nicht besonders privilegierten Weinbauort Essingen einen Ruf wie „Donnerhall" erworben, denn seine Kreszenzen haben sich bis in die Weltspitze hochgearbeitet. Seine Duelle mit dem österreichischen Weingut Kracher bei allen möglichen Prämierungen sind fast schon Legende. Und sein Qualitätsstreben gipfelte schließlich in der Verleihung der Fürst-Metternich-Trophäe für einen Silvaner-Eiswein Trockenbeerenauslese, der höchsten Auszeichnung, die weltweit für einen Weißwein verliehen werden kann.

Winfried Frey hat sich zurückgezogen und beobachtet seine Söhne, die mit viel Bravour und Engagement in die Fußstapfen ihres erfolgreichen Vaters getreten sind. Und dabei kann er feststellen, dass sein Nachwuchs in Deutschlands Spitzengastronomie immer stärker vertreten ist. Ob die Traube in Tonbach, ob das Waldhotel Sonnora in Dreis oder Heinz Winkler in Achau am Chiemsee: auf allen Weinkarten ist das Essinger Weingut vertreten. Und ähnlich sieht es in den Weinfachgeschäften aus: Ohne Frey-Weine wären viele Angebote unvollständig.

Wie die Perlen einer Kette
Südliche Weinstrasse

Die Südliche Weinstrasse – das sind 75 romantische Winzerdörfer, die sich wie die Perlen einer Kette entlang der Deutschen Weinstraße aufreihen, in die fruchtbare Rheinebene und den burgenreichen Pfälzerwald hinein reichen. Viele touristisch attraktive Orte laden zu einem Besuch: Das hübsche Städtchen Annweiler mit der berühmten Reichsfeste Trifels; das idyllische St. Martin mit seinen gut restaurierten Adelshöfen; Rhodt unter Rietburg mit der mit Kastanienbäumen bestandenen Theresienstraße oder Schweigen-Rechtenbach, wo das Deutsche Weintor den Beginn der Deutschen Weinstraße markiert - die Liste ließe sich beliebig fortsetzen.

Zahlreiche Burgen schmücken die hügeligen Bergrücken des Pfälzerwaldes und sind noch heute Zeuge einer vergangenen Zeit, in der Kaiser und Könige hier zu Hause waren. Bei Leinsweiler schmiegt sich der Slevogthof, der Sommersitz des berühmten Malers, an den Hang und Schloss Villa Ludwigshöhe liegt wie ein Aussichtsbalkon oberhalb von Edenkoben genau dort, wo der Pfälzerwald in die Weinbergslandschaft übergeht.

Feine Weine, lukullische Köstlichkeiten, Pfälzer Gastfreundschaft und eine Landschaft wie aus dem Bilderbuch machen den Urlaub an der Südlichen Weinstrasse zum Ferienerlebnis für Genießer und Entdecker. Denn hier erfahren Sie, was typisch pfälzisch ist und was die Pfälzer mit ihren guten Nachbarn, den Elsässern, gemeinsam haben – zum Beispiel Jahrhunderte gemeinsamer Geschichte und die Kunst, das Leben zu genießen.

Südliche Weinstrasse e.V.
Zentrale für Tourismus
An der Kreuzmühle 2
76829 Landau
Tel. 0 63 41/94 04 07
Fax 0 63 41/94 05 02
www.suedlicheweinstrasse.de
info@suedlicheweinstrasse.de

Rein und von natürlicher Harmonie
Weingut Dr. Steiner

Weingut Dr. Steiner
Johanneshof
76833 Siebeldingen
Tel. 0 63 45/36 64
Fax 0 63 45/89 94
info@weingut-dr-steiner.de
www.weingut-dr-steiner.de

Öffnungszeiten:
Montag bis Freitag
Vormittag
8.00 - 12.00 Uhr
Nachmittag
14.00 - 18.00 Uhr
Samstag
Vormittag
9.00 - 12.00 Uhr
oder nach Vereinbarung
Mittwochnachmittag
keine Geschäftszeiten.

Oberhalb des Weinortes Siebeldingen, eingebettet in die sanften Hügel der Südpfalz, liegt der Johanneshof vor der beeindruckenden Kulisse des Pfälzer Waldes. „Die Pflege unserer Weinberge und der Ausbau der Weine sind durch den Respekt vor der Natur geprägt. Der ökologische Anbau und die Tatsache, dass unsere Weine „Zeit" haben, im Weinkeller heranzureifen, weit entfernt von industriellen Methoden, verleihen ihnen ihre unvergleichliche Bekömmlichkeit und Reinheit", so Georg Steiner.

Ob Hochzeiten, Geburtstage, Feiern jeglicher Formate – der mediterrane Park des Weinguts macht seinem Ruf als perfekte Eventlocation alle Ehre. Das traditionelle Maifeuer mit Wildschwein am Spieß am 30. April, das Klassikfestival mit Justus Frantz zur Sommersonnenwende im Juni und die Kulinarische Weinbergswanderung im September zählen bereits zu kulturellen Highlights in der Region. Und wer sich einfach eine kleine Auszeit gönnen möchte, findet von Mai bis Oktober im Gutsausschank ein wahres Refugium zum Entspannen und Genießen.

Das andere Paradies
Urlaubsregion Deidesheim

Tourist Service
Bahnhofstraße 5,
67146 Deidesheim
Tel. 0 63 26/96 77-0
Fax 0 63 26/96 77-18
touristinfo@deidesheim.de
www.deidesheim.de

In Deidesheim gibt es die bekannte Weinlage „Paradiesgarten". Diese Bezeichnung wäre eigentlich für die ganze Urlaubsregion - Deidesheim plus die Gemeinden Ruppertsberg, Meckenheim, Forst und Niederkirchen - angebracht. Denn hier ist für viele, vor allem für Weinfreunde, das Paradies. Nicht von ungefähr wird mit dem Slogan „Das andere Paradies" geworben. Viele tausend Menschen kommen das ganze Jahr über, namentlich im Frühling und im Herbst, hierher, um Urlaub zu machen und zu genießen, was es in diesem Teil der Pfalz alles gibt. Und das ist eine Menge.

Fragt man Verbandsbürgermeisterin Marion Magin, warum auch diejenigen sich in und rund um Deidesheim einmal umsehen und erholen sollten, die bisher (noch) andere Landschaften Deutschlands vorziehen, antwortet sie nicht im Stil einer Werbemanagerin, sondern als eine sachlich argumentierende Politikerin, die ihre Heimat liebt und Fremde am breit gefächerten Angebot teilhaben lassen will: „Wir bieten eine wunderbare Landschaft, ein mildes Klima, viel Wald, Wein und Kultur, Sportmöglichkeiten aller Art vom Wandern über Nordic Walking bis Mountainbike-Fahren." Sie vergisst bei ihrer Aufzählung aber auch nicht die Feste rund um den Wein.

Wer gezielt die Urlaubsregion Deidesheim aufsucht oder sich auch nur hierher „verirrt", hat keinerlei Probleme, in den fünf Orten eine Unterkunftsmöglichkeit zu finden, die jedem Geldbeutel Rechnung trägt. Von der gemütlichen Pension bis zum Hotel der gehobenen Klasse reicht das Angebot. Ob gut oder weniger gut betucht - am Abend in gemütlicher Runde in einer Weinstube schmeckt der Schoppen allen. Nicht nur der im „Paradiesgarten" gewachsene.

Weinbau mit Weitblick
Weingut Heiner Sauer

Weingut Heiner Sauer
Hauptstr. 44
76833 Böchingen/Pfalz
Tel. 0 63 41/6 11 75
Fax 0 63 41/6 43 80
info@weingut-sauer.com
www.weingut-sauer.com

Heiner Sauer darf man zwar getrost zu den Stillen im Lande zählen, seine Weine aber sind ziemliche „Kracher". Nicht umsonst hat der Bio-Winzer, der seit 1987 nach biologischen Grundsätzen arbeitet und dem Biolandverband angehört, bei der alljährlich stattfindenden Südpfalzprobe gemeinsam mit einem anderen Betrieb den ersten Platz belegt. Seine 17 Hektar liegen auf sehr unterschiedlichen Böden – von leichten Buntsandstein-Verwitterungsböden über Schiefer- und Lößböden bis zu schweren Kalkmergelböden – in den Gemarkungen Böchingen und Nußdorf. Im Vordergrund stehen traditionelle Rebsorten wie Riesling (30 %), weiße und rote Burgunder (25 %) oder St.Laurent (15 %). „Wir sehen den Weinberg als lebendigen Organismus", erklärt Heiner Sauer seine Philosophie. Es sei wichtig, diesen Organismus gut zu kennen. Nur so könne man die besten Trauben ernten.

Schonend und mit viel Sensibilität werden die vollreifen und gesunden Trauben zu Wein ausgebaut. Im Keller, wo sich die Weine entwickeln, sind dann Geduld und Fingerspitzengefühl angesagt „Wir sind nur Begleiter und greifen wenig ein" betont der erfolgreiche Bio-Winzer, der von seiner Ehefrau in Verkauf und Marketing tatkräftig unterstützt wird. Und der Erfolg gibt beiden Recht.

Bei den Genossen wird wieder genossen
Deutsches Weintor

Dieser Umbau ist weiß Gott gelungen. Und das gastronomische Konzept stimmt auch. Die Rede ist von einem der markantesten pfälzischen Gebäude, dem Deutschen Weintor in Schweigen. Nachdem die gleichnamige Winzergenossenschaft das Gebäude an der deutsch-französischen Grenze vom Landkreis Südliche Weinstrasse erworben hatte, wurde das Restaurant nun aufwändig umgebaut und so ausgestattet, dass sich der Gast an der Grenze zum Elsass wie „Gott in Frankreich" fühlen kann.

In zwei Galerieräumen mit 55 bzw. 25 Sitzplätzen sowie in dem äußerst gelungen umgestalteten Weintorsaal mit seinen 150 Sitzplätzen zelebriert Küchenchef Volker Krug mit seinem eingespielten Team eine zeitgemäße regionale und saisonal orientierte Küche, die sich in erster Linie auf heimische Produkte stützt. Seine Philosophie ist ebenso einfach wie einleuchtend: „Die Küche ist für mich der kreativste Spielplatz der Welt. Die heutige Produktvielfalt und der aufgeschlossene Gast machen es möglich."

Vor allem der Weintorsaal bietet sich zukünftig für jede Art der Veranstaltung an, von der Hochzeit bis zu Geburtstagsfeiern, von Weihnachtsfeiern bis zu Firmenjubiläen und von Seminaren bis zu Vorträgen. Und wer in der wärmeren Jahreszeit die Sommerterrasse genießen will, der bekommt kostenlos einen wunderschönen Blick über die Südpfalz mitgeliefert.

Deutsches Weintor eG
An der Ahlmühle 1
76831 Ilbesheim
Tel. 0 63 41/38 15-0
Fax 0 63 41/38 15-69
info@weintor.de
www.weintor.de

Restaurant
im Deutschen Weintor
Täglich geöffnet –
kein Ruhetag
Ab 11 Uhr durchgehend
warme Küche
Tel. 06342/92278-10
Fax 06342/92278-11
v.krug@weintor.de
www.weintor.de

Zwei Buchstaben: Typischer Geschmack
DC Pfalz-Weine

Ansprechpartner:
*Holger Klein
Dipl. Betriebswirt(FH)
Projektmanager DC Pfalz*

*DLR Rheinpfalz
Breitenweg 71
67435 Neustadt
Tel. 0 63 21/671-227
Fax 0 63 21/671-375
holger.klein@dlr.rlp.de
www.dcpfalz.de*

Es gibt sehr viele gute Weine in der Pfalz, doch die wirklich typischen Vertreter erkennt man auf Anhieb: Zwei Buchstaben und eine markante Silberkapsel weisen den Weg zu den typischen Pfälzer Weinen. DC Pfalz ist ein neues Gütezeichen für sortentypische und streng geprüfte Pfälzer Gewächse.

DC Pfalz-Weine – die Abkürzung steht für Districtus Controllatus Pfalz – sind immer trocken und fruchtig und passen deshalb bestens zu vielen Anlässen und Speisen. Das Erkennungsmerkmal für DC Pfalz ist die glänzende Silberkapsel mit dem schwarzen DC Pfalz Logo. Die Kapsel sorgt für den hohen Wiedererkennungswert und symbolisiert zugleich die Wertigkeit der Weine. Die Weine mit der Silberkapsel garantieren Ihnen eine konstant hochwertige und kontrollierte Qualität.

Vor der Markteinführung durchlaufen alle DC Pfalz-Weine eine strenge sensorische Prüfung. So werden die Weinqualität und die Einhaltung des festgelegten Sortenprofils garantiert. Erfahrene Fachleute, die das Anforderungsprofil von DC Pfalz bestens kennen, suchen nach frisch-fruchtigen Weißweinen und harmonischen Rotweinen. DC Pfalz-Weine müssen regionaltypisch und trocken ausgebaut sein.

Als Profilsorten wurden die fünf wichtigen Rebsorten Riesling, Dornfelder, Weiß-, Grau- und Spätburgunder ausgewählt. Die Weine sollen durch ihre feine Frucht und gehaltvolle Aromatik das Geschmackserlebnis Pfalz für Sie erlebbar machen. Achten Sie deshalb bei Ihrem nächsten Einkauf auf die silberne DC Pfalz Kapsel oder fragen Sie den Winzer Ihres Vertrauens.

Weniges, aber Reifes für sinnliche Genießer
Vinification Ludwigshöhe

Als Stephan Schneider aus St.Martin vor einigen Jahren den ehemaligen Cavaliersbau des Schlosses Villa Ludwigshöhe bei Edenkoben kaufte, da wunderten sich einige. Heute wissen sie: hier ist der Sitz der Vinification Ludwigshöhe, die ausschließlich Cuvées erzeugt und aufgrund dieses Weinkonzeptes eine außergewöhnliche Position unter den deutschen Weinerzeugern einnimmt.

„Weniges, aber Reifes" lautet das Motto. Weniges – das heißt hohe Ertragsreduzierung, um hochwertiges Lesegut zu ernten, die Voraussetzung für geringstmögliche kellertechnische Eingriffe und stabile Weine. Reifes – das heißt Zeit und Ruhe. Zeit zum Ausreifen der Trauben, Ruhe zur langsamen Entwicklung des Weines im Keller.

Eindeutiges Ergebnis einer ausgiebigen Kellerprobe: Alle Weine der Vinification Ludwigshöhe sind von Reife und Komplexität geprägt. Sie sprechen deshalb den sinnlich genießenden Weintrinker an.

Vinification Ludwigshöhe
Villastr. 62 – Cavaliersbau
67480 Edenoben
Tel. 0 63 23/80 46 15
Fax 0 63 23/80 46 16
info@vinification-ludwigshöhe.de
www.vinification-ludwigshöhe.de

Streben nach höchster Qualität
Wilhelmshof

Weingut Wilhelmshof
Queichstr. 1
76833 Siebeldingen
Tel. 0 63 45/91 91 47
Fax 0 63 45/91 91 48
mail@wilhelmshof.de
www.wilhelmshof.de

Öffnungszeiten:
An Werktagen 8 – 12 Uhr
und 13 – 18 Uhr
Samstags durchgehend
9 – 17 Uhr

Die Fortsetzung der Tradition der Wein- und Sekterzeugung des Wilhelmshofs in Siebeldingen liegt in guten und kompetenten Händen: Barbara Roth und ihr Mann Thorsten Ochocki setzen nach Abschluss ihres Studiums der Önologie in Geisenheim (und ausgedehnten Studienaufenthalten in Frankreich, USA und Neuseeland) die von Herbert und Christa Roth grundlegend geprägte Arbeit in Weinberg und Keller fort. Das Streben nach höchster Qualität hat oberste Priorität im Wilhelmshof, die außerordentlich eleganten und mit höchsten Auszeichnungen dekorierten Weine und Sekte sind das Ergebnis intensiver Arbeit in Weinbergen und Keller. Und daran werden die jungen und sehr sympathischen Weinbauingenieure der nächsten Generation nichts ändern. Naturnahe Pflege der Weinberge, aufwändige Laubarbeiten, konsequente Ertragsreduzierung und sorgfältige Lese von Hand sind neben der schonenden und kontrollierten Verarbeitung der Trauben im Keller die wesentlichen Kriterien für die Weinproduktion im Wilhelmshof.

Auf rund 16 Hektar werden hier ausschließlich Riesling- und Burgunderreben gepflegt, etwa die Hälfte der Trauben wird heute versektet. Herbert Roth kann als der Pionier der neuen deutschen Sektkultur gewertet werden – in diesem Jahr wird der Wilhelmshof zum fünften Mal als bester Deutscher Sekthersteller ausgezeichnet, zahlreiche Staatsehrenpreise und internationale Auszeichnungen belegen den Rang dieses Weingutes.

So geschmackvoll kann Vielfalt sein
Winzergenossenschaft Edenkoben

„Wir brauchen uns nicht zu verstecken." Das hat Geschäftsführer Klemens Willem von der Winzergenossenschaft Edenkoben einmal festgestellt. Er meinte damit nicht nur, dass man mit anderen Winzervereinigungen in der Pfalz hinsichtlich der Qualität der Weine gut mithalten kann, er hatte bei seiner Aussage auch Selbstvermarkter im Blick. Die Erzeugnisse, die aus den Trauben von rund 140 Voll- und Nebenerwerbswinzern aus Edenkoben und Umgebung entstehen, werden als „verlässlich und sauber gemacht" (Buch „Die Pfalz im Glas") beschrieben.

Dass bei der Genossenschaft wie in einem ambitionierten Weingut gearbeitet wird, lässt sich an den vielen Auszeichnungen ablesen, die alljährlich an die „Genossen" vor allem durch Landwirtschaftskammer Rheinland-Pfalz und Deutsche Landwirtschafts-Gesellschaft für überdurchschnittlich gute Weine vergeben werden. In manchen Jahren sind es an die 50 Goldmedaillen, Silber und Bronze gar nicht gezählt. Wenn das kein Beweis für Qualitätserzeugung ist!

Auf rund 200 Hektar Rebfläche werden 30 Sorten angebaut, am stärksten Riesling (34 ha). Aber auch andere Rebsorten finden sich im Sortiment, wie zum Beispiel Dornfelder (30 ha), Spätburgunder (25 ha), Müller-Thurgau (20 ha), Silvaner (16 ha). Der Acolon, der bisher nur eine Fläche von fünf Hektar ausmacht, ist zum Geheimtipp bei Rotweinweinfreunden geworden. Die gut zwei Millionen Liter Wein wollen jährlich vermarktet sein. Weine der Genossenschaft Edenkoben gibt es bei zwei eigenen Verkaufsstellen in Edenkoben und St. Martin, im Fachhandel und in einigen wenigen Einzelhandelsgeschäften. Mehr als ein Drittel der Produktion geht an Selbstabholer, die aus dem gesamten deutschen Raum kommen.

Winzergenossenschaft
Edenkoben
Weinstraße 130
67480 Edenkoben
Tel. 0 63 23/94 19-0
Fax 0 63 23/94 19-19
wg-edenkoben@t-online.de
www.wg-edenkoben.de

Hier ist saure Köstlichkeit Kult
Weinessiggut Doktorenhof

*Weinessiggut
Doktorenhof
Raiffeisenstr. 5
67482 Venningen
www.doktorenhof.de
info@doktorenhof.de*

*Öffnungszeiten:
Mo-Fr 8-16 Uhr,
Mi 8-18 Uhr,
Sa 9-14 Uhr
Termine erfragen Sie
bitte unter
cathrin.wiedemann@
doktorenhof.de*

Eingebunden in die Pfälzer Landschaft liegt der kleine Weinort Venningen. Dort idyllisch gelegen ist der wohl sauerste Ort der Welt: das Weinessiggut Doktorenhof. Essig ist nicht nur das Elixier, das hier in allerfeinster Form zelebriert wird, die saure Köstlichkeit ist hier Kult!

Wie zu uralten Zeiten werden im Doktorenhof nach althergebrachter handwerklicher Manier aus den besten Trauben eigenen Anbaus in jahrelanger Lagerung und Reife feinste Aperitif – und Digestifessige hergestellt.

Zu ausgefallenen Speisen und Menüs gereicht, sind die Doktorenhof Essige ebenso eine Bereicherung der creativen Küche, wie sie mit wenigen kostbaren Tröpfchen ganz zuletzt ihren Speisen eine raffinierte Note verleihen.

Gewandet in schwarze Roben kann man im Kerzenschein nach Voranmeldung die Wohlgerüche der sinnlichen Säure in der Essigstube atmen, die feinsten Elixiere verkosten und sich im Zauber dieser ganz eigenen Welt verführen lassen.

Weit mehr als eine Weinstube
„Zur Blume" Edesheim

Ein Sahnestückchen im Weinstuben-Reigen stellt die „Blume" in Edesheim dar. Eine Besonderheit deswegen, weil hier keine ausgelaugten Gastronomen am Werk sind, sondern ein Ehepaar, das sich – aus ganz anderen Berufen kommend - im reiferen Alter den Ausdruck „Gastfreundschaft" wörtlich auf die Fahne geschrieben hat.

Hier wird zum Wohle des Gastes noch mit Herz und Verstand geschafft – und das wird von den Besuchern nicht nur wohltuend aufgenommen, sondern mit einem überaus regen Zulauf gedankt. Wie wäre es sonst anders zu erklären, dass Abend für Abend die 35 Sitzplätze in der kleinen Gaststube ausgebucht sind!? Was einst als „Hobby" angedacht war, ist längst einem ausgewachsenen Fulltimejob gewichen. Peter Kreutz an der Front verkörpert ganz den gemütlichen, lustigen Kölner, der seinen Bereich voll im Griff und für jeden Gast einen passenden Spruch parat hat. Ehefrau Uschi wirkt allein (!) in der Küche und präsentiert eine Küche, die weit über die landläufige Meinung einer „Weinstubenküche" hinausgeht und die man in dieser Form nicht erwartet. Egal ob Kalbsleber in Portwein-Balsamico-Jus mit getrüffeltem Selleriepürrée, Käse-Dreiherrlichkeit, Lammcarrée, Loup de Mer, original Elsässer Baeckeoffe oder ein „einfaches" Rumpsteak – hier schmeckt wirklich alles, weil auf jede Kleinigkeit großen Wert gelegt wird. Selbst das frischgebackene Bauernbrot ist ein Gedicht!

Gemütlich-heimelig die kerzenerhellte, niedrige Gaststube mit gerade mal 6 Tischen; urig-deftig die Krämerstube nebendran mit 10 Plätzen; aussergewöhnlich die Sammlung von über 500 verschiedenen Korkenziehern an den holzvertäfelten Wänden. Wer hier nicht gern verweilt, ist selber schuld. Im Sommer lockt der weinumrankte Innenhof.

Weinstube „Zur Blume"
Peter und Uschi Kreutz
Ludwigstr. 100
67483 Edesheim
Tel. 0 63 23/35 84
www.lindenbornhof.de
Anzahl der Sitzplätze:
Innen 35 – Hof 30

Öffnungszeiten:
Do – So ab 17 Uhr
Reservierung empfohlen

Wo selbst Störche Urlaub machen
Südliche Weinstrasse Offenbach

*Büro für Tourismus
Konrad-Lerch-Ring 6
76877 Offenbach
Tel. 0 63 48/98 61 80
Fax 0 63 48/98 61 41
rathaus@offenbach-queich.de
www.offenbach-queich.de*

Nirgendwo gibt es derzeit in der Pfalz mehr freilebende Storchenpaare als in der Ferienregion Offenbach. Davon zeugen auch mehrere Storchen-Rundwanderwege durch die Queichwiesen – Deutschlands größtes zusammenhängendes bewässertes Wiesengebiet – und die vier Gemarkungen Offenbach, Bornheim, Essingen und Hochstadt. Daneben aber hat die Verbandsgemeinde allerhand zu bieten: ein weithin beliebtes Freibad, einen Golfplatz, eine florierende Gastronomie und vielfältige Übernachtungsmöglichkeiten vom Privatzimmer bis zum Luxushotel.

Offenbach

Mit etwa 150 ha Gewerbe- und Industriefläche zählt die Gemeinde Offenbach zu einem der attraktivsten gewerblichen Standorte in der Südpfalz mit entsprechend großem Arbeitsplatzangebot am Ort. Moderne Sportanlagen, ein Kulturzentrum und Bildungseinrichtungen ergänzt mit zahlreichen Möglichkeiten der Freizeitgestaltung bieten nahezu optimale Rahmenbedingungen.

Bornheim

Von hier ging die Wiederansiedlung des Storches in der Pfalz aus. Bornheim ist Sitz der Aktion Pfalzstorch, hat ein Storchenzentrum, eine Storchenscheune und rund zehn freilebende Storchenpaare im Dorf.. Daneben beherbergt der Ort zahlreiche Kunstwerke bis hin zum Wahrzeichen des Dorfes, den von Professor Gernot Rumpf geschaffenen Saubrunnen.

Essingen

Aus dem von Landwirtschaft und Weinbau geprägten Dorf Essingen wurde in den letzten Jahren eine attraktive Wohngemeinde mit allen notwendigen Einrichtungen der Daseinsvorsorge. Das schmucke Dorf, das gerade durch die kürzlich begangene 1050-Jahrfeier positive Veränderungen erlebte, ist weit über seine Grenzen hinaus bekannt für seine hervorragenden Weine.

Hochstadt

1225 Jahre ist diese Gemeinde bereits alt und sie hat noch nichts von ihrem jugendlichen Charme eingebüßt. Was schätzen Sie, wer die beiden bekanntesten Hochstädter sind? Da ist zum einen Katja Schweder, Deutsche Weinkönigin 2006/2007 und zum anderen Elvis Presley, dessen Vorfahre Valentin Pressler aus Hochstadt auswanderte.

Die Deutsche Weinstraße – Paradies zu jeder Jahreszeit
Deutsche Weinstrasse e.V. – Mittelhaardt

Weinfestatmosphäre im Weindorf Haardt

Deutsche Weinstrasse e.V. – Mittelhaardt
Martin-Luther-Straße 69
67433 Neustadt an der Weinstraße
Info zu Wein:
Tel. 0 63 21/91 23 33
Info zu Tourismus:
Tel. 0 63 21/3 91 69 21
www.deutsche-weinstrasse.de

Sanftes Weinland, üppige Obstplantagen, der Pfälzerwald mit stillen Tälern und murmelnden Bächen und ein Klima wie im Süden – das ist die Deutsche Weinstraße, beginnend in Bockenheim und nach ca. 85 km endend an der französischen Grenze in Schweigen.

Hier berühren sich Pfälzerwald und Pfälzer Weinberge. Wanderer, Nordic Walker und Radfahrer erleben auf gut beschilderten Wegen abwechslungsreiche Landschaften. Zahlreiche Burgen und Schlösser – Hambacher Schloss, Wachtenburg, Burg Neuleiningen, um nur einige zu nennen – laden zur Entdeckungstour ein.

Das hiesige milde Klima lässt auch Feigen, Kiwis und Zitronen gedeihen. Ab Februar verwandelt sich mit der Mandelbaumblüte die Region in ein weiß – zartrosarotes Blütenmeer.

Unzählige Weinfeste von April bis November bieten dem Gast Gelegenheit, die Pfälzer Weine und den offenen, fröhlichen Pfälzer Menschenschlag kennen zu lernen. Es ist alles da, was Sie zum Wohlfühlen benötigen. Nur noch herkommen müssen Sie selbst!

Schmackhafte Allianz: Wein und Fußball
Mittelhaardt – Deutsche Weinstraße

Für Fußballfans und Weinfreunde gibt es jetzt ein typisch pfälzisches Erfolgserlebnis: die neue Weinkollektion „Roter Teufel". Sie ist ein Ergebnis der Zusammenarbeit des 1. FC Kaiserslautern mit dem Verein Deutsche Weinstraße – Mittelhaardt. Die Weinwerbegemeinschaft hat die Kollektion gemeinsam mit der Wachtenburg Winzer e.G. (Wachenheim) entwickelt. Die Macher des Gemeinschaftsprojektes sind sich einig: „Beim Genießen ist der Wein die Nummer eins in der Pfalz und beim Fußball ist es der FCK. Das ist doch eine ganz natürliche Kooperationsbasis."

„Roter Teufel" gibt es als Spätburgunder Rotwein und in der Weißwein-Variante als Riesling. Auf den ersten Blick erkennbar ist dieses Genuss versprechende Duo am Etikett, das ein reflektierendes Teufels-Profil in Rot beziehungsweise Silber zeigt. Beide Weine sind trocken ausgebaut und tragen das DC Pfalz-Gütesiegel in Form einer silbernen Kapsel, das heißt, sie haben eine strenge sensorische Prüfung bestanden, erfüllen gehobene Qualitätsansprüche und zeigen ein für die Pfalz typisches Geschmacksprofil.

Der Spätburgunder, abgefüllt in einer Bordeaux-Flasche, wird als eleganter, weicher und betont fruchtiger Rotwein mit einem zart rauchigen Duft und frischem Waldbeeren-Aroma beschrieben. Der Riesling in der antikgrünen Schlegelflasche wirkt sehr lebendig und überzeugt mit rassigem Charakter und einem feinen Spiel von Süße und Säure.

Erhältlich ist die Weinkollektion „Roter Teufel" bei der Wachtenburg Winzer e.G. in Wachenheim, im FCK-Fan-Shop in Kaiserslautern, beim Verein Deutsche Weinstraße in Neustadt und in ausgewählten Einzelhandelsgeschäften der Region zum Preis von 5,90 Euro pro Flasche.

Zwischenzeitlich wurde zu dieser Kollektion auch noch ein „Roter Teufel" Sekt mit aufgenommen. Dabei handelt es sich um einen Sekt aus der Heim´schen Sektkellerei. Die Ausstattung wurde bewusst an die der beiden Pfälzer Weine angelehnt. Der Sekt wird ebenfalls im Fan-Shop des 1. FC Kaiserslautern zum Preis von 6,90 Euro pro Flasche angeboten.

Alle drei „Roten Teufel" kann man als Probierpaket ab sofort zum Preis von 18,50 € zzgl. Versand beziehen:
Verein Deutsche Weinstraße
Martin-Luther Str. 69
67433 Neustadt/Weinstraße

Eines der ältesten Weingüter der Pfalz
Weingut Zumstein

Weingut Zumstein
Kaiserslauterer Straße 5
67098 Bad Dürkheim
Tel. 0 63 22/98 14 98
Fax 0 63 22/50 66
info@zumstein.de
www.zumstein.de

Mit dem Wort „Tradition" wird oft leichtfertig umgegangen. Im Blick auf das Haus Zumstein in Bad Dürkheim ist es aber mehr als angebracht. Denn es gehört mit seinen rund 600 Jahren zu den ältesten Weingütern der Pfalz. Aber Zumstein heißt nicht nur Wein von hoher Qualität, sondern auch Gastronomie (acht verschiedene Lokalitäten), Vinotel (drei Gästezimmer) und Events (diverse Veranstaltungen: von der Planwagenfahrt in den Weinberg mit Weinprobe bis zur Winzerolympiade). „Wir leben Ideen", lautet der Slogan.

Das Weingut bewirtschaftet elf Hektar Weinberge, baut zehn Rebsorten an, ist vor allem - aber nicht nur - für seinen Riesling (40 Prozent der Anbaufläche) bekannt, hat Kunden in ganz Deutschland. Die Lufthansa schenkt in ihren Fliegern Zumstein-Wein aus. Die fruchtigen Weiß- und die eleganten Rotweine werden auch von Genießern aus dem Ausland geschätzt. Ausgebaut werden die Tropfen des Guts im längsten, mit Sandstein ausgekleideten Felsenkeller der Pfalz von 1860.

Im 2005 eröffneten Restaurant „Ölmühle" mit dem Kreuzgewölbe und in den anderen Räumen kann stilvoll geschlemmt werden. Die sehr kreative Küche ist regional ausgerichtet, verfeinert durch die internationale Haute Cuisine. Im historischen Gewölbe werden Weinproben für große und kleine Gruppen in mehreren Sprachen angeboten. Wer will, kann im Herbst mit zur Weinlese gehen. Neu ist das Angebot „Wein und Kochen", wo mit den Kunden gekocht wird.

Die Inhaber Stefanie und Dirk Renzelmann versichern, dass sie bestrebt seien, Traditionen zu wahren und Innovationen zu wagen, wenn damit eine Qualitätssteigerung im Weinbau und in der Gastronomie verbunden ist.

Ein wahres Urlaubsparadies
Ferienregion Edenkoben

Schloss Villa Ludwigshöhe, Edenkoben

Südliche Weinstrasse
Edenkoben e.V.
Büro für Tourismus
Poststr. 23
67480 Edenkoben
Tel. 0 63 23/95 92 22
Fax 0 63 23/95 92 88
touristinfo@vg-edenkoben.de
www.garten-eden-pfalz.de

Die Verbandsgemeinde Edenkoben mit der gleichnamigen Stadt als Mittelpunkt und ihren 15 Dörfern Altdorf, Böbingen, Burrweiler, Edesheim, Flemlingen, Freimersheim, Gleisweiler, Gommersheim, Großfischlingen, Hainfeld, Kleinfischlingen, Rhodt unter Rietburg, Roschbach, Venningen und Weyher in der Pfalz hat sich in den letzten Jahren immer stärker zu einem Ferienparadies entwickelt.

Schon König Ludwig I. aus Bayern erkannte den Reiz dieser Landschaft und gab Anweisung, „in der schönsten Quadratmeile meines Reiches" eine Sommerresidenz – die heutige Villa Ludwigshöhe – errichten zu lassen. Begeisterte Besucher geben ihm Recht, denn die Ferienregion Edenkoben ist ein Land, in dem nicht nur köstlicher Wein und klares Wasser fließen, sondern auch Feigen, Mandeln, Kiwis und Kastanien reifen – ein wahrer Garten Eden.

Vor allem die Voraussetzungen für einen Aktivurlaub sind hier ideal. In einer reizvollen Landschaft, geprägt von Wiesen, Weinbergen und dem Pfälzerwald sind die vielfältigsten sportlichen Aktivitäten ein besonderer Reiz. Ob der Gast walkt, wandert, Rad fährt oder sich sonst in freier Natur bewegt – ein großartiger Erholungswert ist ihm gewiss.

Und wer danach die in ihrer Vielfalt einzigartige Gastronomie – von der urigen Weinstube bis zum raffinierten Gourmetrestaurant – genießt, der ist endgültig im Paradies angekommen.

Winzer aus Leidenschaft
Weingut Werner Anselmann

Weingut Werner Anselmann
Staatsstraße 58 – 60
67483 Edesheim
Tel. 0 63 23/94 12-0
Fax 0 63 23/94 12-19
info@weingut-anselmann.de
www.weingut-anselmann.de

Öffnungszeiten:
Weinverkauf
Mo – Sa 8.00 – 20.30 Uhr
So 9.00 – 20.30 Uhr
Straußwirtschaft
Mai – Oktober täglich ab
11.00 Uhr

Das milde Klima der Pfalz sowie die außergewöhnlich vielen Sonnenstunden, sind ideale Voraussetzungen für den Weinbau. Erfahrung gilt in diesem Metier als ein wichtiges Standbein. Beste Voraussetzungen für die Familie Anselmann, die auf eine Jahrhunderte alte Tradition im Weinbau verweisen kann. Durch diese fundierte Erfahrung, gepaart mit Innovationsfreude und Leidenschaft, ist es den beiden diplomierten Agrarwissenschaftlern Gerd und Ralf innerhalb der letzten Jahrzehnte gelungen, das Weingut Werner Anselmann zu einem der größten privaten Weingüter Deutschlands auszubauen. Neben den klassischen Weißweinsorten, haben die Edesheimer Weinmacher den Anbau roter Rebsorten konsequent vorangetrieben. Rotweinliebhaber finden im Weingut eine große Auswahl an fruchtigen und vollmundigen Rebsäften. Dem Ausbau von Barriqueweinen wird hierbei besondere Aufmerksamkeit geschenkt. Derzeit lagern rund 800 Eichenholzfässer im imposanten Barriquekeller. In ihnen reifen tiefrote und kraftvolle Spitzenweine mit einer einzigartigen Geschmacksnote und Lagerfähigkeit heran. Den hohen Anspruch der Edesheimer Winzer an ihre Weine belegen zahlreiche nationale und internationale Prämierungen. Auch bei den Olympischen Spielen in Sydney, Athen und Peking wurde in den Deutschen Häusern Anselmann-Weine serviert. Besucher können die Weine und Sekte vor Ort am großzügigen Weinprobierstand oder im behaglichen Degustationsraum probieren. In den Sommermonaten lädt die mediterrane Brunnenterrasse zum Verweilen.

Die Krone an der Hand
Goldschmiede Annette Schleuning
Maître Créateur

Das Deutsche Weintor verbindet die Goldschmiede von Annette Schleuning in Wissembourg mit ihrem Atelier an der Südlichen Weinstraße. Sie schmiedet zusammen mit ihrem Ehemann Thomas Schleuning ausschließlich Unikatschmuck nach eigenem Design und setzt dabei die Wünsche ihrer Kundinnen und Kunden feinfühlig um. In ihrem Atelier entsteht auch die „Krone an der Hand", ein Ring, den die Deutschen Weinhoheiten und die Pfälzische Weinkönigin mit Begeisterung tragen. Die Ringe bestehen aus Silber und reinem Gold, sind mit Edelsteinen und Brillanten verziert und wurden beim Designpreis Rheinland Pfalz 2007 ausgezeichnet. Im Jahr 2009 sind sie für den Designpreis der Bundesrepublik Deutschland nominiert.

Jedes Jahr erhalten die Pfälzische und die Deutsche Weinkönigin einen eigens für sie gestalteten Ring als Geschenk. Dieser „SponsoRing" im wörtlichen Sinne liegt den beiden Goldschmieden Thomas und Annette Schleuning ganz besonders am Herzen: „Wir sehen das als ein Dankeschön und eine Belohnung für die so engagierten jungen Frauen und freuen uns, dass unsere Ringe die charmanten Botschafterinnen für Deutschen Wein weltweit unterstützen."

Den Ring auf dem Foto trägt die Deutsche Weinkönigin 2007/2008. Inspiriert vom Gold der Kelten, den Regenbogenschüsselchen und den Schätzen des „Grünen Gewölbes" in Dresden, schwimmen 13 rosé- und rotweinfarbene Saphire, entsprechend der Anzahl der deutschen Weinanbaugebiete, in einer Schale aus reinem Feingold.

Goldschmiede
Annette Schleuning
25 rue Nationale
F-67160 Wissembourg
0033 3 88.54.86.06
www.goldschmiede-schleuning.com
as@goldschmiede-schleuning.com

Atelier an der
Südlichen Weinstraße
Tel. 0 63 43/61 01 10

DESIGNPREIS 2009
NOMINIERT

Designpreis
Rheinland-Pfalz 2007
Auszeichnung

Ein Weindorf mit Charme
Edesheim

Julia Becker
69. Pfälzische Weinkönigin
2007/08, aus Edesheim

Herzlich willkommen in Edesheim - dem Weindorf mit Charme. Hier treffen Sie auf Menschen mit Herz und Lebensfreude sowie auf Sehenswürdigkeiten, die unsere Pfalz als Kultur- und Erlebnisregion einzigartig werden lässt. Umringt von einem Rebenmeer und im Schutz des Pfälzer Waldes liegt Edesheim. Mit seinen ca. 500 Hektar Weinbergen zählt der Ort zu den größten Weinbaugemeinden der Pfalz. Die bekanntesten Weinlagen „Edesheimer Ordensgut", „Forst", „Rosengarten" und „Mandelhang" umschließen den Ort.

Vor 2000 Jahren brachten die Römer den Wein in die Pfalz. Auch in Edesheim hinterließen sie mit der inmitten von Weinbergen gelegenen „Villa Rustica" ihre Spuren. Seit fast 1300 Jahren wird nun schon die ehemalige Frankensiedlung vom Weinbau nachhaltig geprägt. Aber auch in der Gegenwart spürt man die Freude und Leidenschaft der engagierten, innovativen Winzer, die mit Persönlichkeit und Liebe ihre Weinberge bewirtschaften und ausgezeichnete Weine mit fruchtig-frischem Charakter hervorbringen, die die Pfalz im Glase widerspiegeln. Kultur und Wein – sie ergänzen sich in Edesheim geradezu ideal. Mit seinem attraktiven Open-Air-Programm auf der idyllischen Seebühne des „Edesheimer Schlosses" ist der Ort in den Sommermonaten ein echter Anziehungspunkt für viele kulturbegeisterte Menschen aus nah und fern. Im benachbarten „Schloss Kupperwolf" verbrachte der wohl berühmteste Edesheimer, Paul Thiry Baron von Holbach, seine Kindheit. Als Philosoph der Aufklärung zählt der Enzyklopädist zu den Wegbereitern der französischen Revolution.

Unweit vom „Schloss Kupperwolf" liegen im Herzen von Edesheim das neu gestaltete Rathaus sowie die Kirche St. Peter und Paul. Die noch voll funktionsfähige Dorfmühle, die bis 1987 mit Wasserkraft vom Modenbach betrieben wurde, kann auf Wunsch und Anfrage besichtigt werden. Gäste und Feinschmecker kommen dank eines vielfältigen Genussangebots voll auf ihre Kosten. In unseren attraktiven Restaurants, Weinstuben und Gartenlokalen ist anspruchsvolles Schlemmen in schönem Ambiente und mit Pfälzer Gastfreundschaft gepaart.

Literatur- und Quellennachweis

Ambrosi, Hans: Wein von A bis Z. Der große Ambrosi. Bindlach 2003

Der Brockhaus Wein. Rebsorten, Degustation, Weinbau, Kellertechnik, internationale Anbaugebiete. Hrsg. von der Lexikonredaktion des Verlags F.A. Brockhaus, Mannheim/Leipzig 2005

Hillebrand, Lott, Pfaff: Taschenbuch der Rebsorten. 13. neubearbeitete Auflage. Mainz 2003

Jakob, Ludwig: Lexikon der Önologie. 3. überarbeitete Auflage, Neustadt/Weinstraße 1995

Rheinpfalz Weinproben-Kompendium. Hrsg. anlässlich des 90-jährigen Jubiläums der Landes-Lehr- und Forschungsanstalt für Landwirtschaft, Weinbau und Gartenbau (LLFA), dem heutigen Dienstleistungszentrum für den ländlichen Raum. Verein der Absolventen der LLFA. 2. Auflage, Neustadt/Weinstraße 1997

Schumann, Fritz: Weinbaulexikon. Neustadt/Weinstraße 1998

Seminar-Handbuch. Deutsche Weine. Hrsg. Deutsches Weininstitut GmbH, 7. Auflage, Mainz 2006

www.wein-plus.de

Wir danken für die freundliche Unterstützung:
Dem Weinbauamt in Neustadt/Weinstraße,
der Forschungsanstalt Geisenheim,
dem Deutschen Weininstitut GmbH in Mainz,
der Pfalzwein e.V. / Pfalz.Marketing e.V. / Pfalztouristik e.V.
in Neustadt/Weinstraße und
dem Historischen Museum der Pfalz in Speyer.

Impressum

Herausgeber

HMV höma Verlags Gmbh & Co. KG
Im Schlangengarten 56
76877 Offenbach
Fon 0 63 48/95 93 91
Fax 0 63 48/95 93 92
info@hoema-verlag.de
www.hoemaverlag.de

in Kooperation mit

LEO
dem Freizeitmagazin der RHEINPFALZ
mssw Print-Medien Service Südwest GmbH
Kaiser-Wilhelm-Sraße 34
67059 Ludwigshafen
Fon 06 21/59 02-8 60
Fax 06 21/59 02-8 80
info@mssw-online.de
www.mssw-online.de

Lektorat
Carina Zweck

Redaktion und Texte
Julia Becker, Michael Dostal, Markus Giffhorn,
Dieter Hörner, Katja Schweder,
Susanne Winterling, Carina Zweck

Fotos
Bjørn Kray Iversen
Deutsches Weininstitut, Mainz
Pfalzwein e.V., Pfalz.Marketing e.V.,
Pfalztouristik e.V., Neustadt/Weinstraße

Gestaltung, Satz und Reproduktion
Manfred Duda, Bodenheim

Druck und Verarbeitung
NINO Druck GmbH
Im Altenschemel 21, 67435 Neustadt/Weinstraße

ISBN 978-3-937329-32-1

Bildnachweis

Bjørn Kray Iversen
Titelseite, Innentitel, Seite 8, 9, 117

Pfalzwein e.V./Faber & Partner
Seite 10, 68, 79, 91, 99, 112, 137

Pfalzwein e.V./ad lumina rz
Seite 43, 44, 123

Pfalzwein e.V./Dieth
Seite 18, 24, 37, 53, 59, 77, 87, 103, 111

Pfalzwein e.V./Robert Dieth
Seite 145

Pfalzwein e.V./Uwe Rieger
Seite 17, 73, 82, 106

Pfalzwein e.V./Pfalz.Marketing
Umschlag-Rückseite Mitte, Seite 21, 55

Deutsches Weininstitut GmbH, Mainz
Umschlag-Rückseite links und rechts,
Seite 14, 26, 29, 30, 33, 35, 47, 48, 50, 51, 57, 61, 63,
85, 90, 92, 97, 101, 104, 118, 121, 122, 126, 127, 130,
148, 151, 162

© 2008 Alle Rechte vorbehalten.